Kinder verfügen von Natur aus über Kreativität und Phantasie, sie können sich leicht entspannen und von Märchen und Geschichten ganz gefangennehmen lassen. Die Phantasiereisen des Autogenen Trainings machen sich diese Gabe zunutze und helfen so, die vielen kleineren und größeren Probleme zu entschärfen, die in der Entwicklung fast jedes Kindes auftreten: Einschlafschwierigkeiten, Angst vor dem Alleinsein, Langeweile, Schüchternheit oder Konzentrationsprobleme. Eltern können sich die Grundtechniken dieser effektiven Entspannungsmethode rasch und problemlos aneignen und zusammen mit ihren Kindern praktizieren. Zudem lassen sich die Phantasiereisen sehr einfach den individuellen Bedürfnissen und dem Alter des Kindes anpassen. Einmal mit dem Autogenen Training vertraut, können Kinder sich damit auch selbständig beruhigen, trösten oder ermutigen. Kinder, die regelmäßig Autogenes Training machen, gehen ihren Alltag anders an und entwickeln Selbstvertrauen und Selbständigkeit.

Dagmar C. Walter, geboren 1953, hat zunächst selbst Erfahrungen mit dem Autogenen Training gesammelt, dann ihre eigenen und schließlich auch andere Kinder in Grundschulprojekten mit der einfachen, aber wirkungsvollen Entspannungsmethode vertraut gemacht. Als freie Autorin hat sie bereits verschiedene Ratgeber für Eltern veröffentlicht.

Dagmar C. Walter

Autogenes Training für Kinder

Phantasiereisen zum Entspannen

Deutscher Taschenbuch Verlag

Originalausgabe
Mai 1998
© Deutscher Taschenbuch Verlag GmbH & Co. KG, München
Umschlagkonzept: Balk & Brumshagen
Umschlagfoto: © Dieter Brumshagen, Hintergrund: © Bavaria Bildagentur
Gesetzt aus Leawood Book 9/13 pt
Satz: Design-Typo-Print, Ismaning
Druck und Bindung: C. H. Beck'sche Buchdruckerei, Nördlingen
Gedruckt auf säurefreiem, chlorfrei gebleichtem Papier
Printed in Germany · ISBN 3-423-36092-5

Inhalt

Vorwort

Liebe Eltern,

Ich bin sicher, daß Sie nicht nur allgemein das Beste für Ihre Kinder wollen, sondern Ihre Wünsche ganz konkreter Natur sind. So wünschen Sie ihnen bestimmt vor allem Gesundheit, daß sie einmal selbstbewußte, offene Erwachsene werden, daß sie in ihrem Leben zurechtkommen mögen, daß sie kein Gepäck aus ihrer Kindheit durch ihr weiteres Leben tragen sollen oder daß sie sich viele Wünsche und Träume erfüllen können.

Als pflichtbewußte Eltern achten Sie jahrelang auf die Gesundheit Ihrer Kinder, gehen mit ihnen zu den Vorsorgeuntersuchungen, dem Zahn- oder Augenarzt und pflegen sie bei Kinderkrankheiten und sonstigen Erkrankungen zu Hause.

Und ganz sicher liegt Ihnen als Eltern das seelische Wohlbefinden der Kleinen genauso am Herzen: Sie trösten sie oder finden einfach ein offenes Ohr für ihre Sorgen, ihren Kummer.

Ihre Kinder fühlen sich aufgehoben, umsorgt und verstanden. Ihre kleine Welt ist ein Hort der Geborgenheit.

Spätestens mit der Einschulung jedoch wird diese heile Welt verändert. Andere Erwachsene und viele gleichaltrige oder ältere Kinder erhalten für sie erstmals Bedeutung und Ihr Einfluß als Eltern läßt nach.

Die Kinder müssen lernen, sich zurückzunehmen, zu warten, nicht mehr wie bei den Eltern im Mittelpunkt zu stehen. Von nun an gilt es, anders auf sich aufmerksam zu machen, sich durchzusetzen und seine Bedürfnisse zu äußern. Sie werden eher angreifbar, sind weniger vom Elternhaus beschützt. Ein Stück ihrer geborgenen Welt gehört nun der Vergangenheit an.

Mit einer neuen Situation, z.B. der Einschulung, wird das eine Kind besser, das andere weniger gut fertig. Enttäuschungen, die zwangsläufig auftreten, wegstecken zu müssen hinterläßt Spuren. Einige Kinder erhalten dadurch Stärke, andere werden verunsichert, ziehen sich in sich selbst zurück.

Das Gefühl, Erwartungen erfüllen zu müssen, von denen wir alle als Eltern – zumindest unbewußt – etwas an unsere Kinder weitergeben, tun ihr Übriges.

Und so beginnen Kinder dann, Rollen zu spielen, die ihnen zugedacht und von ihnen erwartet werden oder einfach die, in die sie von der Gruppe hineingedrängt werden oder die sie zu ihrem Selbstschutz gewählt haben.

Welche neue Situation auch immer eingetreten ist, Ihre Kinder zeigen zunächst selten das, was wirklich an Fähigkeiten in ihnen steckt. Oft überfordern sie sich so, daß sie ihre kindlichen Bedürfnisse und damit eigene Wünsche und Träume unterdrücken und vorzeitig zu kleinen Erwachsenen werden.

Vielleicht fragen Sie sich jetzt, was das alles mit dem Autogenen Training zu tun hat? Nun, durch das Autogene Training werden Kinder sich ihrer eigenen Wünsche und Träume immer wieder bewußt. Kinder, die regelmäßig Autogenes Training machen, gehen ihren Alltag mit der ihnen eigenen Kreativität und Phantasie an. Die Erwartungen und Forderungen der Erwachsenen empfinden sie weniger als Belastungen denn als spannende Herausforderungen. Das AT kann Ihre Kinder – und selbst Jugendliche – in ihrer Entwicklung zu sich selbst unterstützen und ihnen größeres Selbstvertrauen schenken.

Das Autogene Training eignet sich nicht nur für Kinder, die durch Probleme auffallen, die etwa nicht stillsitzen können oder Lernschwierigkeiten haben, weil sie unkonzentriert sind.

Ich meine sogar, daß es auch denjenigen zugute kommt, die sehr gut und anscheinend ohne Probleme »funktionieren«: Kinder, die stets lieb und brav sind, die keine längeren Trotzphasen durchlebt haben, Jugendliche, an denen die Pubertät scheinbar spurlos vorbeigeht. Diesen angepaßten Kindern und Jugendlichen fehlt Reibung. Sie scheuen jede Art von Auseinandersetzung und entwickeln sich möglicherweise zu Erwachsenen, die dann später an den verschiedensten psychosomatischen Beschwerden erkranken. So haben sie vielleicht im Beruf ständig Probleme mit dem Magen, weil sie allen Ärger in sich hineinfressen, oder Probleme mit der Wirbelsäule, weil sie alle Lasten auf sich nehmen und nicht nein sagen mögen, oder Migräne, weil sie sich über alles Gedanken machen, sich nicht abgrenzen können.

Wenn Ihr Kind hingegen die Auseinandersetzung nicht scheut und seine Gedanken und Vorstellungen auszudrücken versucht, erfährt es Resonanz. Seine Umgebung bietet ihm einen Spiegel, durch den es sich reflektiert sieht. Es kann sich ein Bild von seiner Person machen, erlebt, wie seine Ansichten und Gefühle auf andere wirken. Durch seine Aktionen und die Reaktionen seiner Umgebung erlangt es soziale Kompetenz, kann sein Selbstwertgefühl aufbauen und Lebenstüchtigkeit erlangen.

Ein Kind, das sich unauffällig und zufrieden gibt, muß nicht unbedingt glücklich sein. Vielleicht meint es, daß man dieses Verhalten von ihm erwartet? Alle Kinder möchten anerkannt und geliebt werden, und bekommen sie Konkurrenz (Geschwister, Klassenkameraden), entwickeln sie oft sehr schnell ihnen eigentlich fremde Verhaltensweisen, um sich diese Anerkennung und Zuwendung möglichst zu erhalten.

Kinder und Jugendliche, die sich hyperaktiv oder unkonzentriert geben, zeigen hingegen deutlicher an, daß sie sich nicht verstanden fühlen, daß sie überfordert sind oder einfach nur, daß sie auch noch andere Bedürfnisse verspüren als die, die sie ausleben dürfen.

Auch wenn Ihr Kind sich wunderbar entfalten kann, wenn Sie eine Schule gefunden haben, in der Kreativität und Phantasie, aber auch Individualität großgeschrieben werden, in der klassenübergreifend und ohne Leistungsdruck gearbeitet wird, selbst dann wird das AT Ihrem Kind nützen.

Es wird selbstbewußt und kreativ bleiben und sich selbst vor Langeweile und Orientierungslosigkeit bewahren können.

Die meisten Kinder und Jugendlichen, die das AT beherrschen, wissen, was ihnen wichtig ist. Sie besitzen im Gegensatz zu vielen anderen ihrer Altersgenossen konkrete Ideen und Vorstellungen und möchten diese verwirklichen, denn durch die Phantasiereisen erleben sie sich und ihre Träume intensiver. Sie nehmen die Gefühle, die sie während der Entspannung im AT erfahren haben, mit in ihren Alltag. Außerdem lernen diese Kinder und Jugendlichen, ihre Kräfte richtig einzuschätzen, sie neigen weniger dazu, sich zu überarbeiten, und verspüren seltener Prüfungsangst. Auch Zurückweisungen und Enttäuschungen können Kinder mit AT-Erfahrung leichter wegstecken, sind sie doch alles in allem ausgeglichener, wissen um ihre Stärken und Schwächen und haben sich selbst schätzen gelernt.

In den vielen Erfahrungen, die sie durch das AT machen bzw. die wir unseren Kindern durch die Phantasiereisen schenken können, liegen dann vielleicht ihre besseren Chancen, als Erwachsene ein zufriedenes und ausgefülltes Leben zu führen.

Die wichtigsten Elternfragen zum Autogenen Training

Was ist Autogenes Training (AT)?

Autogenes Training ist eine Selbstentspannungsmethode. Das Autogene Training leitet sich ab vom Griechischen. Es heißt wörtlich »aus sich selbst entstanden«. Durch das AT kann man sich selbst ruhigstellen und erholen.

Das AT wurde 1926 von dem Berliner Nervenarzt J. H. Schultz entwickelt, als er sich mit den Begleiterscheinungen der Hypnose beschäftigte: der Schwere und Wärme und einem Zustand tiefer Ruhe. Er erkannte, daß man nach regelmäßigem Üben bei starker Konzentration leicht alleine in diese tiefe Ruhestellung »umschalten« kann.

In den Grundlagenübungen des AT lernt man, dem Körper Schwere-, Wärme-, Ruhe- und Atemimpulse zu geben. Man trainiert muskuläre Entspannung (Schwereübung) und verstärkte Durchblutung (Wärmeübung) und nutzt deren positive Wirkung auf Körper und Psyche. Subjektives Wohlbefinden äußert sich nicht nur im subjektiven Empfinden von Ruhe, Schwere und Wärme. Auch die muskuläre Entspannung im AT bedeutet Erholung für die Seele, das vegetative Nervensystem, den gesamten Organismus.

Als eine Hilfe zur Selbsthilfe kann das AT neben anderen Methoden, die der Entspannung dienen – z.B. Yoga –, für die Erhaltung der Gesundheit in unserer uns fordernden, hektischen Zeit eine wichtige Grundlage sein. Es kommt durch das Autogene Training zu einem positiven Körpererleben, und regelmäßiges Üben wirkt sich bald ebenso positiv auf den seelischen Bereich aus. Was bedeutet das?

Das AT macht das eigene Leben »lebbarer«. Es zeigt einen Weg, um sich selbst zu erleben und zu sich selbst zu finden. Die Selbstentspannung bringt Körper, Geist und Seele wieder ins Gleichgewicht.

Immer wieder stehen diese Bereiche in einer unmittelbaren Wechselwirkung. Viele Krankheiten sind Ausdruck von emotionalem Streß, d.h. eine Folge der Unterdrückung eigener Bedürfnisse. Oft gibt es keinerlei organischen Befund für körperlich empfundene Beschwerden und Schmerzen, die eine seelische Ursache haben. Dann spricht man von psychosomatischen Störungen. Es liegt in der Natur der Dinge, daß eine medikamentöse Behandlung in solchen Fällen oft unzureichend ist.

Das AT ist ein Gegengewicht zu den hohen Anforderungen unserer heutigen Leistungsgesellschaft. Es aktiviert die Selbstheilungskräfte des Menschens, setzt blockierte Energien und Kräfte frei, reaktiviert die Freude am Leben durch ein tieferes und intensiveres Empfinden während der Entspannung und danach. Das AT weckt und vergrößert das Selbstvertrauen, es erweitert die Sensibilität, und es ermöglicht dem Menschen, sich selbst und seine Bedürfnisse besser kennenzulernen.

Mit dem Autogenen Training lernt man also eine Methode, sich selbst zu helfen. Denn hat man die Grundübungen erst einmal trainiert, kann man diese Entspannungsmethode jederzeit und an jedem Ort anwenden.

Eignet sich Autogenes Training für Kinder?

Dr. Bernt H. Hoffmann schreibt in seinem Handbuch des Autogenen Trainings, daß eine Behandlung mit dem AT bei Kindern besonders erfolgversprechend sei, »weil das AT die Eigengesetzlichkeit des Kindes fördert und ihm seine Einordnung in die soziale Umwelt erleichtert«. Was heißt das? Das heranwachsende Kind, das sich jahrelang im Schoß der Familie beschützt und aufgehoben wußte, befindet sich in zunehmendem Maße in einem Ablösungsprozeß und strebt nach Unabhängigkeit und Freiheit. Zum einen möchte es schon selbständig sein, zum anderen noch behütet werden. Es möchte weiter an sein bisheriges Weltbild glauben, aber es gibt auch viele Dinge, die es beobachtet, zu denen es sich selber unabhängig vom Elternhaus eine Meinung bildet. Eine schwierige Zeit, eine Zeit, in der es durchaus zu krisenhaften Auseinandersetzungen mit der Umwelt kommen kann. Hinzu kommt, daß nicht nur wir Erwachsenen, sondern auch unsere Kinder immer früher ihre persönlichen Wünsche und Bedürfnisse unterdrücken. Auch sie richten bereits ihre Aufmerksamkeit und Energie auf Werte, die ihnen die Gesellschaft vorgibt. Immer weniger horchen sie in sich hinein, immer mehr lassen sie sich ihre Seele abkaufen. Immer früher greifen auch sie zu den sogenannten Lebenshilfen, rauchen, trinken, nehmen Tabletten oder gar Drogen. Und das u.a. deshalb, weil sie ihre eigentlichen Wünsche und Träume nicht mehr wahrnehmen.

Die Stimme, die unsere Kinder in sich hören und durch die sie sprechen, ist die der Werbung, der Medien. Sie ist eine manipulierte, eine, die fremde Werte ersehnt und fordert. Ihre innere, eigene Stimme ist längst verstummt.

Doch sie kann geweckt, zum Sprechen gebracht werden, z. B. mit Hilfe des Autogenen Trainings. Mit den Phantasiereisen können unsere Kinder sich wieder an ihre vergessenen Träume erinnern oder immer noch neue entwickeln. Sie können wieder lernen, ihre eigene Stimme wahrzunehmen. Wir können ihnen einen Schutzmantel gegen die negativen Einflüsse unserer Zeit schenken.

Dr. Bernt H. Hoffmann führt weiter aus, daß Verhaltensprobleme und psychosomatische Erscheinungsformen so lange gut mit dem AT behandelt werden können, wie sie sich noch nicht in regelrechten neurotischen Krankheitsbildern manifestiert haben.

Folgende Verhaltensprobleme sind bei Kindern besonders häufig zu finden:

• Nägelkauen
• Bettnässen
• Schlafstörungen
• nächtliches Zähneknirschen
• Schulschwierigkeiten

Folgende psychosomatischen Störungen können bereits bei Kindern auftreten:

• Erkrankungen der Haut (Ekzeme)
• Allergien
• Asthma
• Spasmen des Magen-Darm-Traktes (krampfartige Bauchschmerzen)
• Herzrhythmusstörungen

Für diese Störungen kann es verschiedene Ursachen geben: z.B. die Familienkonstellation (Einzelkind, Trennung der Eltern etc.) oder die Übernahme von Symptomen der Mutter oder des Vaters.

Das Autogene Training ist für Kinder sogar besonders geeignet, da sie doch sehr lange in einer Welt lebhafter Vorstellungen leben und sich oft einfacher als Erwachsene in die Atmosphäre des Autogenen Trainings einfinden können. Ihre Phantasie ist enorm, doch lassen sie sich auch leichter als Erwachsene ablenken. Bereits sie sind Stimmungsschwankungen unterworfen, was dazu führen kann, daß es ihnen an Konsequenz bei der nötigen Wiederholung einzelner Übungen (Training) mangelt. Sie machen das AT eher nach Lust und Laune, mal konzentriert, mal weniger. Sie sind stärker als ein Erwachsener abhängig von der Person, die das AT vermittelt, was Vor- und Nachteile haben kann. Ein Kind, das unter psychosomatischen Störungen aufgrund einer überbeschützenden Mutter oder eines ehrgeizigen Vaters leidet, wird sich schwertun, seine Elternteile als Vermittlerpersonen anzunehmen. Auf der anderen Seite kann aber mit den Eltern praktiziertes AT durchaus effektiver sein als der Besuch eines Kursus, bei dem sich das Kind einem fremden AT-Leiter gegenübersieht. Denn allein die Zuwendung der Eltern (z.B. wenn beide durch ihre Berufstätigkeit wenig Zeit für das Kind aufbringen) kann eine starke Motivation für das Kind sein. Natürlich ist es in diesem Moment wichtig, daß es begreift, daß das AT sein Leben erleichtern wird (z.B. daß das Bettnässen bald aufhören wird).

Bei schweren psychosomatischen Störungen bzw. schweren Verhaltensproblemen ist es immer unbedingt notwendig, vor Beginn des AT den Kinderarzt aufzusuchen und sich mit ihm zu beraten. Denn es gibt schon bei Kindern Störungen, bei denen AT kontraproduktiv wäre und schaden statt nützen würde, wie z.B. bei Kindern, die unter sehr starken Depressionen leiden. Auch wenn die Antriebshemmungen, die Konzentrationsstörungen, die innere Unruhe und die Grübelsucht einen bestimmten Grad übersteigen oder das

Kind ein Hypochonder ist, also ständig auf der Suche nach Krankheitserscheinungen an seinem Körper, kann das Autogene Training kontraproduktiv sein.

Der Kinderarzt, der in den meisten Fällen die Krankengeschichte des Kindes kennt und sich vielleicht auch schon ein Bild von den Eltern machen konnte, wird sicher am besten wissen, ob und wie das AT dem Kind helfen kann.

Im Idealfall führt er vielleicht das Kind in das AT ein und überläßt dann den Eltern die weitere Durchführung, wenn das Kind gemerkt hat, daß das AT ihm bereits bei konkreten Beschwerden geholfen hat und bestimmt weiter helfen wird. Damit auch in solchen Situationen das AT zum Erfolg führt, ist es wichtig, daß Sie als Eltern bei der Durchführung nicht den »Schulmeister herauskehren«, sondern Ihr Kind als vollwertigen Partner betrachten und akzeptieren. Da die Übungen mindestens zweimal wöchentlich stattfinden sollten, ist die Atmosphäre dabei besonders wichtig. Sie sollte gelöst und lustbetont sein. Kleinere Kinder lassen sich vielleicht durch ein vorangehendes Spielen entspannen, bei älteren Kindern und Jugendlichen hilft oft ein lockeres Gespräch über Hobbys oder Freunde.

Warum Autogenes Training mit Kindern?

Kinder beobachten, imitieren und übernehmen Verhaltensweisen. Von außen dringt die Hektik unseres Alltags zu ihnen hinein, von innen überträgt sich unsere Streßanfälligkeit in einem immer stärkeren Maße auf sie. Was wir ihnen vorleben, leben sie nach. In unserem Umfeld mit der Überfülle an Bildern, Eindrücken und Reizen kann sich heute kaum noch ein Kind entwickeln, ohne Streßsymptome zu zeigen. Die Zahl an verhaltensauffälligen Kindern nimmt seit Jahren zu.

Erzieher haben bereits in den Kindergärten mit Hyperaktivität und Aggressionen zu tun. Durch den hohen Leistungsanspruch vieler Eltern und die ständig zunehmende Bedeutung der Medien zeigen dann viele Schulkinder bereits psychosomatische Störungen und Erkrankungen. Auch die hohe Zahl der an Migräne leidenden Kinder sollte uns ein Alarmsignal sein.

Immer seltener haben Kinder heute die Möglichkeit und die Voraussetzung, ihre Phantasie zu entwickeln, immer mehr werden sie zu Konsumenten fertiger Produkte der elektronischen Medien. Der Fernsehfilm ersetzt das Erlebnis mit dem Freund, Videoprogramme und Computersoftware ersparen das mühselige Ausdenken von eigenen Spielen. Alles ist vorgefertigt und bis ins Detail perfektioniert. Und wenn sie schon lästiges eigenes Fortbewegen in Kauf nehmen müssen, haben sie ihren Walkman, der ihnen das Unvermeidbare erträglich macht.

Phantasie entwickeln und umsetzen kostet Kraft, erfordert Zeit und Geduld.

Wir wollen unseren Kindern mit den vielfältigen Möglichkeiten, die wir ihnen bieten können, eine größere Freiheit geben, als wir sie in unserer Erziehung genossen haben. Aber wir müssen aufpassen, daß wir ihnen durch das großzügige Angebot unserer sämtlichen Konsumgüter nicht immer früher die Kindheit nehmen, weil wir ihnen keinen Platz bieten, Phantasie zu entwickeln.

Der Verlust von Phantasie hat schwerwiegende Folgen für das seelische Wachstum des Kindes. Das hochentwickelte Spielzeug befriedigt nur kurz und führt schnell zu dem

Wunsch nach neuem. Die Unterdrückung der eigenen Ideen macht unzufrieden und beschleunigt zusätzlich die Suche nach neuen Impulsen. Da ein Kind, das nie gelernt hat, sich mit sich selbst oder einem Gegenstand zu beschäftigen, wohl kaum eine wirkliche Befriedigung durch ein zunächst noch so attraktives Spielzeug erhalten wird, wird in ihm Frustration aufsteigen und sich Streß auf der Suche nach Neuem einstellen. Nur durch entschiedenes Bremsen können wir diese Talfahrt unterbrechen.

Die Spielmöglichkeiten außerhalb des Hauses oder gar in der Natur sind inzwischen begrenzt. Wir sollten deshalb versuchen, unseren Kindern, so oft wir es einrichten können, Möglichkeiten zum Spiel in der freien Natur zu geben, denn gerade dort entwickeln sie häufig die ganze Bandbreite ihrer Phantasie und Kreativität. Wenn wir dann im Nachhinein durch die entsprechenden Phantasiereisen die erlebten Gefühle wieder in ihr Bewußtsein holen, schenken wir ihnen Freude und Vitalität für ihren nicht immer einfachen Alltag.

Wir können und sollten unseren Kindern helfen, wenn wir an ihnen aus welchem Grund auch immer verstärkte Nervosität, Hyperaktivität oder Aggressivität beobachten. Das Autogene Training kann ihre Selbstheilungskräfte wecken und die körperlichen, seelischen und geistigen Spannungen lösen. Die Inseln der Ruhe, die diese Entspannungsmethode schafft, reaktivieren ihre Phantasien, mit denen sie dann den Alltag mit seinem Streß und seinen Frustrationen besser bewältigen können. Die Phantasiereisen projizieren Bilder ihrer Träume und Wünsche wieder in ihr Bewußtsein und reaktivieren ihre innere Stimme.

Wodurch und wie wirken Phantasiereisen bei Kindern?

Phantasiereisen wirken in zweierlei Hinsicht bei Kindern. Zunächst animieren die vorgelesenen Texte durch die bildhafte Sprache und den Spannungsbogen der jeweiligen Geschichte, die Phantasie anzustrengen. Außerdem transportieren sie die entspannenden Impulse des AT, die das Kind meist mehr unbewußt mit der Geschichte aufnimmt.

Doch sie wirken nur, wenn weder Erwartungen noch der eigene Wille irgend etwas erzwingen wollen. Deshalb sollten wir unsere Kinder immer eher spielerisch an das AT heranführen, sie neugierig machen darauf, was passiert, wenn sie das AT mit sich geschehen lassen.

Schon mit dem Schließen der Augen beginnt für unsere Kinder die Reise in ihre eigene innere Welt, allerdings nur, weil sie bereits unser Vorlesen als wohltuende Zuwendung und Beruhigung empfinden. In der Entspannung dann sensibilisiert sich ihre sinnliche Wahrnehmung, kommt es zu einer tiefen Ruhe.

Auch wir als Vorlesende können uns nach jeder Phantasiereise entspannter, ruhiger und wohler fühlen, wenn wir die Sache nicht wie eine Pflichtübung herunterspulen, sondern das Vorlesen mit Freude angehen und es als eine Bereicherung für uns annehmen.

Der Raum, in dem wir vorlesen, sollte nicht allzu hell sein und alle überflüssigen Lärmquellen sollten dabei ausgeschaltet sein.

Unsere Kinder transportieren die Bilder der jeweiligen Geschichte am besten in ihre eigene Vorstellungswelt, wenn wir langsam, ruhig und nicht zu laut lesen. Sie nehmen dann die Entspannung schenkenden Impulse besser auf und integrieren sie in das bildhafte Geschehen. Quasi wie in einem Film läuft das Geschehen vor ihrem inneren Auge ab, und die Spannung und Entspannung der Geschichte werden nach- und mitempfunden. Die emotionale Beteiligung dabei ist sehr stark. Dadurch, daß mit und in der eigenen Phantasie die erzählten Bilder gelebt, d.h. erlebt und empfunden werden, kommt es durch die Phantasiereisen zu einem tiefen Ruhe- und Erholungszustand.

Die geistig-seelische Entspannung bewirkt zudem eine Entspannung des gesamten Muskelbereiches, also ein körperliches Wohlbefinden. Der Körper tankt auf, füllt seine Reserven, und unsere Kinder schöpfen neue Kraft und Energie.

Das Sich-wohl-Fühlen beim AT wird als positive Erfahrung gespeichert und wirkt beim nächsten Vorlesen mit.

Was können wir unseren Kindern durch das AT mitgeben?

Da wäre zunächst einmal das bereits erwähnte Selbstvertrauen und die starken Selbstheilungskräfte, die allgemein positiv zu ihrer Entwicklung beitragen und die sie ggf. im Krankheitsfall von Medikamenten unabhängiger machen. Durch das AT werden unsere Kinder zudem eine besondere Sensibilität sich selbst, aber auch anderen gegenüber entwickeln und ihre persönliche Toleranzgrenze, die ohnehin schon größer als die unsrige ist, mit dem Erwachsenwerden vielleicht noch mehr erweitern.

Da unsere Kinder durch das AT sich selbst und die Bedürfnisse des eigenen Körpers besser kennengelernt haben, werden sie bewußter leben, und Probleme und Konflikte werden ihnen kaum unnötig tief unter die Haut gehen.

Ruhiger und gelassener werden sie den Anforderungen des Lebens gegenüberstehen und sich zu behaupten wissen.

Warum brauchen Kinder Phantasie?

Durch die nachfolgenden Geschichten lernen Kinder, ihre Gefühle, Wünsche und Bedürfnisse intensiver zu fühlen. Durch ihre Phantasie holen sie sie aus ihrem Unterbewußtsein und machen sie durch die Geschichten zu Bildern. Im Gespräch mit uns besteht dann die Chance, daß sie sie sogar in die Gegenwart projizieren und später in ihren Alltag einfließen lassen. Er kann dann wieder lebendiger und farbiger werden oder bleibt es, wenn er es vorher schon war. Denn wenn unsere Kinder es gelernt haben, Phantasie zu entwickeln, gelingt es ihnen eher, wie wir bereits wissen, für viele Probleme Lösungen zu finden. Sie können ihre Gefühle in Geschichten verpacken, in ihnen aber auch Gefühle entwickeln, erleben und aushalten lernen und sich durch ihre Phantasie ihre magische Welt erhalten.

Pädagogen sind sich darin einig, daß die Phantasie etwas ist, was in der Kindheit gefördert werden muß. Haben Kinder gelernt, Phantasie zu entwickeln, und können sie ihre Phantasie ausleben, erweitern sie ihre sinnlichen und emotionalen Fähigkeiten. Sie lernen dadurch nicht nur sich selbst, sondern auch ihre Umwelt – Mitmenschen und auch die Natur – besser wahrzunehmen. Sie erhalten zudem eine lebensbejahende Grundeinstellung.

Eine ständige Reizüberflutung hingegen, d.h. tägliches

Fernsehen und Videos schauen, läßt ihre Phantasie verkümmern. Die Fähigkeit, sich mit sich selbst zu beschäftigen, nimmt ab, sie werden körperlich träge, sind kaum noch draußen und werden, weil sie ihren eigentlichen Bewegungsdrang nicht ausleben, aggressiv und/oder krank.

Eltern können und sollten ihren Kindern möglichst viele Anregungen zur vollen Entfaltung der Phantasie geben. Das gilt auch über das Kindergartenalter hinaus, weil erfahrungsgemäß trotz aller Bemühungen verschiedener aus Berufung arbeitender Lehrer aufgrund des Lehrplans zum Beispiel und auch aufgrund der Größe vieler Schulklassen die Förderung der Phantasie in der Schule auf der Strecke bleiben muß.

Unsere Kinder leben zwischen der Realität und ihrer Einbildungskraft und Phantasie. Sinneseindrücke, Bewußtseins- und Erlebnisinhalte können sie mit Hilfe ihrer Phantasie miteinander in Einklang bringen oder auch umgestalten und damit ihr Bewußtsein erweitern. Die Empfindungs- und Erlebnisfähigkeit bleibt intensiv, die oft wenig farbenfrohe Realität behält durch ihre Phantasie zumindest einen schimmernden Glanz.

Doch Phantasie braucht auch ständiges Training, sonst verkümmert sie. Sind wir da nicht als Eltern gefragt?

Zur Anwendung des Autogenen Trainings

Der schnelle Einstieg

Sie haben sich diesen Ratgeber gekauft, weil Sie Ihrem Kind helfen wollen. Vielleicht hat es bei seinem Kinderarzt bereits Erfahrungen mit dem AT gemacht, und Sie möchten das Training nun mit ihm fortsetzen. Eventuell hat Ihnen jemand das AT für Ihr Kind empfohlen. Oder Sie möchten sich einfach informieren, ob die Phantasiereisen zur Entspannung etwas für Ihr Kind sind.

Nehmen Sie sich die Zeit, einige dieser Geschichten vorzulesen, und versuchen Sie im Anschluß daran, mit Ihrem Kind ins Gespräch zu kommen. Ich versichere Ihnen, daß Sie ihm auch ohne das AT mit den Phantasiereisen viel Freude machen. Selbst wenn es ihm nicht gelingt, sich vollkommen zu entspannen, schenken Sie Ihrem Kind mit jeder Geschichte Ihre Zuwendung.

Sie zeigen Interesse an seinen Gedanken, Phantasien und Ideen. Und auch Sie werden etwas davon haben.

Sie werden viel Neues von Ihrem Kind erfahren, da es sich Ihnen von Mal zu Mal mehr öffnen wird und die Gespräche zwischen Ihnen immer intensiver und tiefer werden. Und auch Sie werden Ihre Phantasie reaktivieren, werden sich an vieles erinnern, an frühere Ideen und Gedanken.

Vielleicht haben Sie Ihrem Kind schon von den Geschichten erzählt, und nun wartet es ungeduldig darauf, daß Sie ihm die erste vorlesen. Auch Sie möchten möglichst schnell mit dem AT beginnen und sich nicht allzu lange mit Theorien und Erklärungen abgeben.

Dennoch bitte ich Sie, im Interesse Ihres Kindes, diesen Abschnitt genau zu lesen. Er enthält einige wirklich notwendige Erläuterungen als Voraussetzung dafür, daß die Phantasiereisen ein Erfolg werden.

Zunächst möchte ich Ihnen die Grundtechniken des Autogenen Trainings vorstellen.

Ob Sie sich nun aber erst mit der Theorie des AT auseinandersetzen und mit Ihrem Kind ein paar Grundübungen machen oder ob Sie gleich mit dem Vorlesen der einzelnen Geschichten beginnen, sollten Sie auch von der Motivation Ihres Kindes abhängig machen. Manchen Kindern mögen die Grundtechniken zu langweilig sein, und wenn sie sich sperren, werden Ihre Bemühungen nicht zur gewünschten Entspannung führen. In diesem Fall schlage ich Ihnen vor, die Grundelemente nach und nach einfließen zu lassen. Vielleicht muß Ihr Kind auch erst selber feststellen, daß es einer Vorübung bedarf, um zu einer tieferen Entspannung zu kommen (im übrigen weise ich in den Geschichten einige Male auf das AT hin – vielleicht möchte Ihr Kind irgendwann von sich aus mehr erfahren).

Wie auch immer Sie Ihr Kind an das Autogene Training und (oder) die nachfolgenden Phantasiereisen heranführen, Sie werden ihm nur helfen können, wenn es offen für neue Erfahrungen und wirklich interessiert ist. Eine Vorbereitung könnte möglicherweise so aussehen:

Du ahnst ja gar nicht, wie sehr man seinen Alltag durch seine Gedanken gut oder schlecht beeinflussen kann. Durch das Au-

togene Training kann man nicht nur seine Bauch- oder Kopf-schmerzen wegbekommen, man kann sich auch zum Beispiel durch eine kleine Phantasiereise einfach in eine bessere Stimmung bringen. Also, wenn du die Techniken des Autogenen Trainings erlernst, tust du dir etwas Gutes. Du machst es nicht für uns Erwachsene, sondern ausschließlich für dich selber. Du kannst dir Ruhepunkte suchen, wenn du in Hektik bist. Du kannst deine Angst überwinden, indem du dir Schutz und Kraft auf einer Traumreise holst, oder du kannst dich neu motivieren, indem du für Minuten in das Land deiner unbegrenzten Phantasie reist.

Es ist eine leichte Aufgabe, die dich nicht überfordert. Sie verlangt keine große Leistung von dir, sie verspricht keine Anerkennung und wird nicht benotet. Der Lohn, den du erhältst, ist ausschließlich für dich. Vielleicht probierst du es einfach. Einzige Voraussetzung ist der Wille, dich vom Alltag zu lösen und dich völlig zu entspannen.

Damit Ihr Kind motiviert bleibt, sollten Ihre ersten Übungen auch nicht allzu lange dauern. Ich schlage Ihnen für die Grundtechniken zwei bis drei Minuten und für die Geschichten (nach der Einleitung) etwa fünf Minuten täglich vor. Lesen Sie langsam und mit Pausen!

Zwei- bis dreimal wöchentlich sollten die Übungen am Anfang jedoch auf jeden Fall gemacht werden. Später, wenn Ihr Kind mit der Methode vertraut ist, können die Phantasiereisen länger sein und nach Bedarf eingesetzt werden (Ihr Kind wird diesen Wunsch bald selbst äußern). Um Ihnen diese Einteilung leichter zu machen, habe ich die einzelnen Geschichten in zwei oder drei Abschnitte unterteilt. Lesen Sie zunächst nur den ersten Abschnitt. Der Einstieg in eine Phantasiereise reicht Ihrem Kind für den Anfang, allzu viele Anregungen verwirren es bloß.

Zu Beginn jeder Geschichte finden Sie einige Situations-beschreibungen. Ob Sie diese Zeilen bei den ersten Malen mitlesen oder nicht, sollten Sie nach Bedarf entscheiden. Sie können die Einleitungen ebenso auf die für Ihr Kind zutref-fende Situation abändern.

Überhaupt empfehle ich Ihnen, jede Geschichte vorab al-leine zu lesen. So können Sie die Personen Ihrer Wahl ein-setzen und Fehler betreffend der weiblichen oder männli-chen Form (meistens stehen beide im Text) während des Vorlesens vermeiden.

Oder wählen Sie einen ganz anderen Einstieg, weil die eine oder andere Geschichte Ihrem Kind besonders gefallen hat.

Eine allgemeine Einführung wäre etwa, wenn Sie etwas aus dem Alltag des Kindes aufgreifen, einige Formeln aus den Grundtechniken des AT hinzufügen und dann mit der ei-gentlichen Geschichte beginnen, wie im folgenden Beispiel:

Ich fühle, daß es dir heute nicht so gut geht. Vielleicht liegt es daran, daß du nachher zum Zahnarzt gehen mußt. Du hast ein wenig Angst davor, daß es wehtun könnte, und möchtest es nicht zeigen. Ich kann deine Gefühle verstehen und möchte dir helfen.

Versuche, dich ein wenig zu entspannen. Schließe deine Au-gen und versuche, alle deine Gedanken an nachher wegzu-schieben.

Denk jetzt nur an deinen Körper und spür, wie er sich an-fühlt. Konzentriere dich zuerst auf deine Arme. Sie werden ganz schwer. Du bist ruhig und entspannt. Auch deine Beine sind müde und werden immer schwerer.

Du wirst noch ruhiger und entspannter. Allmählich werden deine Arme warm. Auch deine Beine erwärmen sich langsam.

Es ist wie ein Strom. Er fließt von den Oberschenkeln bis

hinunter zu deinen Füßen und dann wieder zurück. Du folgst ihm mit deiner Atmung. Du bist ganz ruhig und entspannt. Du spürst keine Angst mehr, denn es geht dir richtig gut.

Ich habe kleine Lebenshilfen aus den Erfahrungen meiner Kindheit und dem Umgang mit meinen beiden und anderen Kindern in die Geschichten eingebaut. Vielleicht helfen sie Ihrem Kind. Sie können sie aber auch ebensogut weglassen oder durch Ihre eigenen Erfahrungen ersetzen. Denn je besser die Phantasiereisen auf Ihr Kind und sein Leben, seinen Alltag zugeschnitten sind, desto entspannter und ausgeglichener wird es sich in die Geschichten hineinbegeben und von ihnen profitieren können!

Ich wünsche Ihnen von ganzem Herzen, daß Sie den für Ihr Kind richtigen Weg finden und daß das AT eine positive Veränderung bei ihm und in Ihrem Verhältnis zueinander bewirken wird.

Meine Erfahrungen mit den Phantasiereisen

Ich habe meine Phantasiereisen nicht nur meinen Kindern vorgelesen, sondern auch vielen ihrer Freunde, die während der Ferien oft in unserem Haus übernachteten.

Gerade während dieser schulfreien Zeit standen mein Mann und ich oft vor dem Problem, die überdrehten Kinder, deren Schlafrhythmus durch die Ferien verändert war, zur Ruhe zu bringen.

In diesen Fällen, in denen die Phantasiereisen beim Einschlafen helfen sollten, wählte ich je nach Jahreszeit »Ein Schlittschuhlauf« oder »Auf In-Line-Skates« oder »Die Mitternachtsparty«.

Alle drei Geschichten haben eins gemeinsam: Das zutiefst unruhige Kind kann seine Spannungen mit Hilfe der Phantasie in vorgestellte starke Bewegung (gleiten – schneller fahren – gleiten oder wiegen – schneller tanzen – wiegen) umsetzen und so die Müdigkeit, die in ihm ist, annehmen.

Meine Erfahrungen mit den Phantasiereisen waren durchweg positiv. Oftmals schliefen die Kinder vor Ende der Geschichte ein. Als sie ihren Inhalt kannten, äußerten sie vor dem Lesen auch den Wunsch, hinterher in ihren Bildern bleiben zu wollen. Es klappte gut, sie lagen zwar wach in ihrem Bett, aber blieben ganz ruhig und entspannt und schliefen bald danach ein.

Weitere und auch andere Erfahrungen machte ich mit Kindern im Alter von sieben bis elf Jahren während einer Projektwoche in der Schule.

Weil Mareike und Sebastian (jeweils sieben Jahre alt) in meiner Gruppe waren, begann ich mit »Alexanders Geschichten« – einer Geschichte gerade für kleinere Kinder –, wobei ich die ursprüngliche Einleitung weglief. In dieser Phantasiereise geht es um die Thematik, daß auch eine Menge wunderschönes Spielzeug nicht das Spiel mit gleichaltrigen Freunden oder auch die Gesellschaft, Aufmerksamkeit und das Interesse der Eltern ersetzen können.

Ich wählte eine andere kurze Entspannungsübung vorweg und las auch dann nur den ersten Abschnitt der Geschichte. Erstaunlich war, wie sich Mareike und auch Sebastian in die Geschichte »fallen ließen«, während der elfjährige Oliver die ganze Zeit die Augen offenhielt. Er lag zwar ruhig und entspannt auf seiner Wolldecke, doch er wollte die Situation im Gegensatz zu den beiden kleineren Kindern unter Kontrolle behalten.

Das Spielzeug, das sich die Kinder am Ende des ersten Abschnittes aus dem Regal nahmen, sorgte für eine lebhafte Unterhaltung hinterher. Als wir in den darauffolgenden Tagen zum zweiten und dritten Abschnitt der Geschichte kamen (ich verkürzte den Einstieg, damit die Geschichte nicht zu lang wurde), kam es zu wirklich tiefgehenden Gesprächen.

Vanessa und Rafael (beide neun Jahre alt), die beim ersten Abschnitt noch stolz und fast prahlerisch von ihrem Spielzeug berichtet hatten, äußerten nun vor der Gruppe, daß sie eigentlich lieber auf dieses und jenes Spielzeug verzichten würden, wenn statt dessen ihre Eltern (beide ganztags berufstätig) mehr Zeit für sie hätten.

Oliver, dessen Mutter stets zu Hause gewesen war, wußte auch so von Langeweile zu berichten, und Gregory (zehn Jahre) pflichtete ihm bei. Natürlich kam das Gespräch auch auf das Fernsehen, und der relativ hohe Konsum bei den anwesenden Kindern war schon erschreckend für mich. Doch zeigten sie sich durchaus kritisch, was dieses Medium angeht, und kamen übereinstimmend zu der Meinung, daß sie eigentlich viel lieber mit ihren Freunden spielen würden, als vor der »Glotze« zu sitzen.

Bei einer anderen Geschichte (»Auf dem Bauernhof«) kam es zu mehreren wirklich wertvollen Gesprächsrunden. Thema dieser Phantasiereise ist die Angst und wie man ihr möglicherweise zumindest teilweise entgegentreten kann. Während zu Beginn der Gespräche nur die Sieben- und Neunjährigen zugaben, Angst vor bestimmten Tieren oder Situationen zu haben, zeigten sich die »Großen« äußerst cool. Erst als ich offen auch von meinen Ängsten berichtete,

31

bröckelte nach und nach ihre Fassade ab, und auch sie gaben Ängste zu.

Gemeinsam suchten wir nach Lösungen, wie man besser mit Angst umgehen könnte.

Die Entwicklung, die sich durch das Öffnen der älteren Kinder ergeben hatte, schweißte die Gruppe zusammen. Die Toleranz unter den Kindern nahm von Tag zu Tag zu.

So zeigten sich die Älteren auch großzügig, als es um die Geschichte »Auf der Insel« ging. In dieser Phantasiereise geht es u.a. darum, Langeweile zu überwinden, indem man sich von einer neuen Umgebung inspirieren läßt.

Da Sebastian und Rafael noch nicht schwimmen konnten, waren sie bei meiner Geschichte ausgestiegen, weil sie Angst bekamen, wobei sich keiner der anderen lustig machte.

Wir sprachen darüber. Es war Oliver, der auf die Idee kam, den See doch einfach »flach zu machen«, so daß man in ihm stehen konnte. Weil Sebastian und Rafael eigentlich beide das Wasser als Element liebten, stellte die Phantasiereise nach der Änderung für sie keinerlei Probleme mehr dar.

Während der ganzen Projektwoche führte ich mit den Kindern nicht nur Gespräche, wir bastelten auch, und sie malten Bilder zu ihren Phantasiereisen.

Besonders schöne und verschiedenartige Ergebnisse entstanden nach der Geschichte »Am Bach« (jeweils nach Abschnitt eins und drei), bei der ich schon viele Elemente des AT zur Einleitung verwenden konnte, da die Kinder bereits an die Phantasiereisen gewöhnt waren. In dieser Geschichte geht es ebenfalls um die Überwindung von dem Gefühl des Alleingelassenseins oder von Heimweh durch das Einlassen auf eine andere Umgebung.

Zum Abschluß unserer gemeinsamen Zeit während der

Projektwoche wählte ich die Phantasiereise »Im Ballon«. Diese Geschichte möchte den Kindern neue Räume öffnen, wenn sie sich wenig beachtet und anerkannt oder gar mißverstanden fühlen.

Die Kinder berichteten begeistert, wie sie losgefahren waren, wie sie sich leicht, einem Vogel gleich, gefühlt hatten, wie sie von einem unglaublich intensiven Gefühl vollkommener Freiheit gepackt worden waren. Viele Dinge, die ihnen sonst Furcht einflößten, waren plötzlich durch die Geschichte klein und unbedeutend geworden.

Nur Mareike konnte diese Gefühle nicht nachempfinden, denn ihr hatte die Geschichte nicht besonders gut gefallen.

Doch sie bewies uns, daß sie im Laufe der Projektwoche etwas Wichtiges gelernt hatte: Weil sie sich nicht gerne von der Erde erheben wollte, war sie nicht in den Ballon eingestiegen. Mareike hatte sich statt dessen während der Entspannung einfach auf die Wiese gelegt und war dem roten Ballon mit ihren Augen gefolgt. Später, als er aus ihrem Blickfeld verschwunden war, hatte sie ihre Gedanken mit den vorbeiziehenden Wolken auf die Reise geschickt. So hatte auch sie sich entspannt.

Mareike malte später sich selbst auf einer grünen Wiese zwischen vielen bunten Blumen, über sich einen blauen Himmel und ein paar bauschige Wolken. Der Ballon war schon aus ihrem Bild hinausgeflogen!

Wenn ich meine Erfahrungen während des Projektes zusammenfasse, kann ich Ihnen als Eltern sagen, es hat sich gelohnt, den Kindern die Phantasiereisen nahezubringen.

Ich war nicht nur erstaunt, wie relativ leicht die Kinder mit den Elementen des AT zur Ruhe kamen, sondern auch, wie schnell doch unsere mit perfektem Spielzeug und vollautomatisierter Technik ausgestatteten Kinder ihre Phantasie zum Blühen bringen konnten. Vorgelesen zu bekommen, erzählen zu können und im Gespräch ernst und wichtig genommen zu werden waren für sie die schönsten Erfahrungen.

Die Grundtechniken des Autogenen Trainings

Die Unterstufe des Autogenen Trainings

Sie umfaßt sieben Übungen:
1. Ruheübung
2. Schwereübung
3. Wärmeübung
4. Atemübung
5. Herzübung
6. Bauchübung
7. Kopfübung

Die ersten vier Übungen möchte ich Ihnen als Grundlagentraining besonders ans Herz legen. Mit ihnen kann man bei meinen Erzählungen zu mehr als nur zu einer einfachen Entspannung geführt werden.

Es ist nicht sinnvoll, mehrere Übungen auf einmal zu machen. Das AT kann nur langsam und stufenweise erlernt werden. Einzig regelmäßiges Üben sichert einen Erfolg.

Kinder und Jugendliche sind in der Regel schneller bereit, Entspannungstechniken zu erlernen. Sie können, wenn sie das Grundlagentraining täglich ein- bis zweimal machen, schon nach etwa zwei Wochen das AT erfolgreich anwenden.

Jeder Körper reagiert auf Belastung anders. Auch Kinder und Jugendliche zeigen in Streß- und Konfliktsituationen ähnlich wie Erwachsene körperliche Symptome (Bauchweh, Atemnot, Kopfschmerzen). Für diese Form der Belastung können die Herz-, Bauch- und Kopfübungen eine zusätzliche Hilfe bieten.

Die Entspannungshaltungen für das Autogene Training

Man kann die Übungen des AT im Liegen, im Sitzen und einige davon sogar im Stehen ausführen, denn eigentlich eignet sich jede Körperhaltung zum Training, in der sich alle Muskeln vollkommen entspannen können.

Die Liegehaltung

Der Körper ruht flach auf einer nicht zu weichen Unterlage (z.B. auf einer Wolldecke auf dem Boden). Der Kopf liegt ebenso flach oder bei Bedarf etwas erhöht, z.B. auf einem Kissen. Die Arme werden in den Ellenbogen leicht angewinkelt, die Handflächen befinden sich in Höhe der Oberschenkel flach auf der Unterlage. Die Beine sind leicht gespreizt, die Fußspitzen fallen dabei zur Seite (bei angespannten Menschen zeigen beide Fußspitzen nach oben).

Hinweis: Mit einem vorangehenden Durchstrecken des Körpers findet man leichter eine entspannte Lage.

Vorteile: Die Liegehaltung eignet sich besonders für Anfänger des AT, weil man sich im Liegen am besten entspannt, in der Rückenlage die einzelnen Körperteile und den gesamten

Körper am besten fühlt. Auch den Wechsel zwischen den beiden Körperhälften bei den Übungen spürt man in dieser Stellung leichter (rechter Arm schwer – linker Arm schwer, rechtes Bein warm – linkes Bein warm).

Nachteil: Die Liegehaltung ist nicht überall durchführbar und für Menschen mit Rückenproblemen nicht zu empfehlen.

Die Sitzhaltungen

Es gibt verschiedene Sitzhaltungen. Dem Anfänger wird die Haltung empfohlen, die ihm auch ein kurzes Einnicken erlaubt. Damit er dabei nicht umfällt, sollte er das angelehnte Sitzen wählen.

Das angelehnte Sitzen
Die Übungen gelingen sowohl in einem Sessel mit Kopf- und Armlehne als auch auf einem normalen Stuhl mit einfacher Rückenlehne.

- Im Sessel ruhen die Arme und Handflächen auf der Seitenlehne – nicht von der Lehne herabhängen lassen. Die Füße stehen fest – auf der ganzen Sohle – und leicht gespreizt auf dem Boden.
- Da ein Stuhl meist keine Kopflehne hat, sollte man ihn an die Wand schieben, so daß der Kopf leicht nach hinten gebeugt an die Wand gelehnt werden kann. Die Hände sollten locker auf den Oberschenkeln liegen.

Hinweis: Man sollte darauf achten, ob Kreuz und Rücken durch Kissen unterpolstert werden müssen, um eine bequeme Haltung zu erreichen.

Das freie (nicht angelehnte) Sitzen
Diese Entspannungshaltung wird auch als Droschkenkutschersitz bezeichnet. Droschkenkutscher nahmen diese Körperhaltung ein, um sich zu entspannen.

Man sitzt auf dem vorderen Teil eines Stuhls, das Gewicht der Beine wird auf die Fußsohlen gegeben, die Oberschenkel werden leicht gespreizt.

Um die richtige Haltung für den Oberkörper zu finden, läßt man die Arme seitlich am Körper herunterhängen, atmet dann tief ein und streckt dabei Oberkörper und Nacken. Beim Ausatmen läßt man sich in sich zusammenfallen, so daß der Oberkörper und der nach vorn hängende Kopf über dem Schwerpunkt des Rumpfes schweben.

Die Hände ruhen locker auf den Oberschenkeln.

Vorteil: Man ist von einem Sessel oder sogar Stuhl unabhängig. Die Entspannungshaltung kann auf einem Hocker, einer Treppenstufe oder gar auf einem Stein, also letztlich überall sitzend, eingenommen werden.

Nachteil: Bei Übergewichtigen wird der Bauch gepreßt und eine leichte Restspannung im Kreuz läßt sich nicht vermeiden.

Das Zurücknehmen der Entspannung

Keine Übung sollte ohne das Zurücknehmen enden, es sei denn, man möchte nach dem AT einschlafen. Warum?

Durch das Zurücknehmen schalten wir nach Dr. Bernt Hoffmann von der entspannten Liegehaltung um auf aktive Tätigkeit. Der in der Entspannung abgesunkene Blutdruck sollte durch ein Ritual wieder auf mittlere Höhe gebracht werden, sonst können Schwindelgefühle oder Taumeln die Folge eines zu schnellen Aufspringens oder Erhebens sein. Aus diesem Grunde sollte von Anfängern des AT möglichst immer die Liegehaltung gewählt werden.

Die Augen sollten beim Zurücknehmen unbedingt geöffnet werden, da sonst Kopfschmerzen die Folge sein könnten.

Jedes unvollkommene Zurücknehmen kann zu nachträglichen störenden Schwereempfindungen führen.

Je entspannter man während der Übungen gewesen ist, um so wichtiger ist ein energisches und ausgiebiges Strecken und Beugen der Gliedmaßen im Anschluß an die Übungen. Es empfiehlt sich, dabei die Arme mit geballten Fäusten durchzustrecken.

Mit der Formel »Ich bin ganz ruhig und frisch« läßt sich schließlich die letzte Müdigkeit beseitigen.

Das Zurücknehmen sollte immer in der gleichen Reihenfolge durchgeführt werden, wie z.B. mit den nachfolgenden Formeln:

1. Arme fest!
2. Tief atmen!
3. Augen auf!
4. Ich bin ganz ruhig und frisch!

Während die Formeln bei der Entspannung und Beruhigung eher mit einer sanften, leiseren Stimme (Schonstimme) gesprochen werden sollten, darf die Stimme beim Zurücknehmen bestimmter und energischer sein (Kraftstimme).

Die einzelnen Übungen

1. Die Ruheübung

Für die Ruheübung sollte man sich zunächst einen Platz suchen, an dem mit keinen störenden Geräuschen oder überraschenden Ereignissen zu rechnen ist.

Nachdem man sich dann bequem und locker zum AT niedergelegt oder gesetzt hat, schließt man die Augen und stellt sich folgende Formel vor:

»Ich bin ganz ruhig und entspannt.«

Man wiederholt sie nur im Geiste, ohne sie laut zu sprechen!

Diese Ruheformel taucht während des gesamten AT immer wieder auf. Jedesmal, wenn man sich eine andere Formel mehrmals (sechsmal hat sich bewährt) vorgestellt hat, wiederholt man die Ruheformel.

Hinweis: Es ist durchaus empfehlenswert, sich vor der Ruheübung körperlich zu lockern, um schon einen Teil der Spannung (Anspannung) loszuwerden: vorab Beine durch Schütteln lockern (ausschütteln) oder schon im Sitzen die Schultern hochziehen und dann fallenlassen oder beim Liegen den Kopf locker hin- und herholen lassen.

2. Die Schwereübung

Die Schwereübung unterstreicht die Ruheübung. Man kann das Schweregefühl am leichtesten erreichen, wenn man sich auf einen Körperteil konzentriert. In der Regel wählt man den rechten Arm (Linkshänder wählen natürlich den linken!).

Die Formel ist:

»Mein rechter (linker) Arm ist ganz schwer.«

Diese Formel und die Ruheformel wiederholt man im Geiste, indem man sie sich sehr intensiv vorstellt. Das kann etwa so aussehen:

»Ich bin ganz ruhig und entspannt.
Mein rechter Arm ist ganz schwer.
Mein rechter Arm ist ganz schwer.
Mein rechter Arm ist ganz schwer.
Mein rechter Arm ist ganz schwer.
Mein rechter Arm ist ganz schwer.
Ich bin ganz ruhig und entspannt.
Mein rechter Arm ist ganz schwer.
Mein rechter Arm ist ganz schwer.
Mein rechter Arm ist ganz schwer.
Mein rechter Arm ist ganz schwer.
Mein rechter Arm ist ganz schwer.
Mein rechter Arm ist ganz schwer.
Ich bin ganz ruhig und entspannt.
Mein rechter Arm ist ganz schwer.
Mein rechter Arm ist ganz schwer.
Mein rechter Arm ist ganz schwer.
Mein rechter Arm ist ganz schwer.
Mein rechter Arm ist ganz schwer.
Mein rechter Arm ist ganz schwer.«

Zurücknahme:

»Jetzt beuge ich meinen Arm und strecke ihn dann.
Ich mache dabei meine Hand zur Faust.
Das wiederhole ich ein paar Mal: beugen – strecken,
beugen – strecken. Ich atme tief ein und aus.

Ein – aus, ein – aus.

Dann öffne ich die Augen.

Ich bin jetzt ganz ruhig und frisch.«

Wenn man mit der Rücknahme bereits etwas Erfahrung gemacht hat, kann man zu den folgenden kurzen Formeln übergehen:

»Arme kräftig beugen und strecken!

Tief atmen!

Augen auf!

Ich bin ganz ruhig und frisch.«

Es dauert meistens einige Tage, bis man das Gefühl der »Schwere« wahrnimmt. Vielen hilft es, wenn sie sich bei der Schwereübung das Tragen einer schweren Last vorstellen (z.B. Schultasche).

Sobald sich dieses Gefühl einstellt, kann man die Übung auf den anderen Arm erweitern, später auf die Beine und den ganzen Körper.

Hinweis: Sollte diese Übung keinerlei oder kaum Erfolg zeigen und keine Schwere gespürt werden, so kann man vorübergehend folgende Hilfsformel wählen:

»Meine rechte (linke) Hand ist ganz schwer.« (6x)

danach: »Meine linke (rechte) Hand ist ganz schwer.« (6x)

schließlich: »Beide Hände sind ganz schwer.« (6x)

Oft können sich Anfänger nämlich besser auf einen kleinen Körperabschnitt konzentrieren. Um die Schwere dann auch in den Arm zu bekommen, könnte man so üben:

»Beide Hände sind ganz schwer.« (6x)

danach: »Eine bleierne Schwere strömt in den rechten Arm bis in die Fingerspitzen.« (6x).

Oder auch:

»Beide Hände sind ganz schwer. «(6x)

danach: »Schwer liegen die Arme auf.«   (6x)

3. Die Wärmeübung

So wie die Schwereübung die Ruheübung erweitert, so vervollkommnet die Wärmeübung die Schwereübung. Man kann die Wärmeübung aber auch trainieren, wenn man nach mehreren Tagen noch keine Schwere gespürt hat! Sie stellt sich häufig dann nach längerem Üben mit der Wärmeübung noch ein.
Die Formel der Wärmeübung lautet:
»Mein rechter (linker) Arm ist strömend warm.«
Ein Training könnte nun folgendermaßen aussehen:

»Ich bin ganz ruhig und entspannt.
Mein rechter Arm ist ganz schwer. (6x)
Ich bin ganz ruhig und entspannt.
Mein rechter Arm ist strömend warm. (6x)
Ich bin ganz ruhig und entspannt.
Mein rechter Arm ist strömend warm. (6x)
Ich bin ganz ruhig und entspannt.
Mein rechter Arm ist strömend warm. (6x)

Zurücknahme:

»Arme kräftig beugen und strecken!
Tief atmen!
Augen auf!
Ich bin ganz ruhig und frisch.«

Auch für die Wärmeübung gilt: Wenn sich die Wärme im rechten (linken) Arm eingestellt hat, kann man die Übung auf den anderen Arm erweitern, später auf die Beine und den ganzen Körper.

Das gilt auch, wenn man das Gefühl hat, daß zwar die Arme warm, doch die Hände immer noch nicht so recht warm sind. Es erfordert schon ein längeres Training, die Wärme bis in die äußersten Gliedmaßen zu schicken.

4. Die Atemübung

Sie ist die letzte Übung aus dem Grundlagentraining.
Die Formel ist:
>>Meine Atmung ist ganz ruhig.<<
oder: >>Es atmet ganz ruhig in mir.<<

Keinesfalls sollte sie >>Ich atme ruhig<< heißen, da man sich der Atmung gegenüber passiv verhalten und nicht aktiv eingreifen soll. Es ist wünschenswert, sich der Atmung hinzugeben, sich von ihr tragen zu lassen.

Um die Atemübung zu trainieren, sollte man die anfangs erlernte Reihenfolge bei den Formeln beibehalten, dabei jedoch vielleicht ein wenig kürzen (vielleicht die schon erlernten Formeln nur dreimal wiederholen).

Ein Training könnte folgendermaßen aussehen:

>>Ich bin ganz ruhig und entspannt.
Mein rechter Arm ist ganz schwer. (3x)
Meine Arme und Beine sind ganz schwer. (3x)
Ich bin ganz ruhig und entspannt.
Mein rechter Arm ist strömend warm. (3x)

43

Meine Arme und Beine
sind strömend warm. (3x)
Ich bin ganz ruhig und entspannt.
Meine Atmung ist ganz ruhig. (6x)
Ich bin ganz ruhig und entspannt.
Meine Atmung ist ganz ruhig. (6x)
Ich bin ganz ruhig und entspannt.
Meine Atmung ist ganz ruhig.« (6x)

Zurücknahme:

»Arme kräftig beugen und strecken!
Tief atmen!
Augen auf!
Ich bin ganz ruhig und frisch.«

5. Die Herzübung

Die Formel lautet:

»Mein Herz schlägt ruhig und regelmäßig.«

Um Zufriedenheit und Geborgenheit zu erlangen, kann man
auch folgende Formel verwenden:

»Warm wird mein Herz durchströmt«,

um Emotionen zu lösen:

»Es wird mir weit ums Herz«,

um Entspannung zu erreichen:

»Es wird mir leicht (weich) ums Herz.«

6. Die Bauchübung

Die Formel lautet:
>»Mein Sonnengeflecht ist strömend warm.«

Unter dem Sonnengeflecht versteht man den großen Nervenknotenpunkt im Bauchraum in der Mitte direkt unter dem Brustkorb. Mit dieser Übung versucht man, im Bauchraum eine angenehme Wärme zu erzeugen.

Wer sich mit dem Wort »Sonnengeflecht« nicht anzufreunden vermag, kann auch folgende Formel benutzen:
>»Mein Bauch (Magen) ist strömend warm.«

Um das Sonnengeflecht zu spüren, bedarf es einiger Übung. Als hilfreich hat es sich erwiesen, eine Hand auf den Bauch zu legen (zwischen Ende des Brustbeins und Nabel).

7. Die Kopfübung

Die Unterstufe des AT schließt mit der Kopfübung ab.
Ihre Formel lautet:
>»Meine Stirn ist angenehm kühl.«

Wer leicht friert, kann auch folgende Formel verwenden:
>»Meine Stirn ist glatt und entspannt.«

Alle Formeln lassen sich mit der Zeit vereinfachen, z. B. so:
>»ruhig – schwer – ruhig – warm – ruhig -
>Atmung – Atmung – Atmung – ruhig –
>Herz – Herz – Herz – ruhig –
>Bauch – Bauch – Bauch – ruhig –
>Stirn – Stirn – Stirn.«

Oder so:

>>Ruhe – Schwere – Wärme.
Atmung und Herz ganz regelmäßig.
Sonnengeflecht (Bauch, Magen) strömend
warm.
Stirn angenehm kühl.<<

Immer steht jedoch am Ende der Übung das Zurücknehmen:
>>Arme kräftig beugen und strecken!
Tief atmen!
Augen auf!
Ich bin ganz ruhig und frisch.<<

Anmerkung: Die Übungszeit für die Grundtechniken des Autogenen Trainings braucht am Anfang nicht länger als zwei bis drei Minuten zu betragen. Später kann sie sich auf zehn bis fünfzehn Minuten ausdehnen.

Die vorgestellten Übungen lassen sich mit den nun folgenden Phantasiereisen verbinden. Dafür muß Ihr Kind aber keineswegs erst alle Übungen beherrschen – das würde ihm mit Sicherheit alle Freude am Autogenen Training nehmen. Ausreichend Entspannung kann sich bereits mit der Ruhe- und Schwereübung oder der Ruhe- und Wärmeübung (wenn die Schwere noch nicht empfunden werden kann) einstellen. Später, wenn sich Ruhe und Schwere oder Wärme schneller einstellen – Sie die Formel nur noch dreimal sagen -, können Sie auch die Atemübung und dann vielleicht nach und nach die anderen Übungen mit Ihrem Kind machen. Entwickeln Sie dabei aber bitte keinen Ehrgeiz, Ihr Kind braucht nicht das gesamte Programm der Grundtechniken zu beherrschen, die Freude an der Entspannung durch die Phantasiereisen sollte immer im Vordergrund stehen.

Phantasiereisen

Alleinsein und Langeweile

Die Erlebnisreise

Wenn Sie überlegen, ob Sie Ihr Kind abends oder nachts alleine lassen können, weil es langsam zu alt für einen Babysitter ist.

Als verantwortungsvolle Eltern haben Sie jahrelang für einen Babysitter gesorgt, zur Not auch Ihre privaten Interessen zurückgestellt. Keinesfalls wollten Sie, daß Ihr Kind einmal nachts aufwacht und feststellt, daß es in der Wohnung oder im Haus alleingelassen wurde. Sie haben ihm Geborgenheit und Sicherheit gegeben – eine wichtige Voraussetzung für eine gesunde Entwicklung. Wenn es mit einem Babysitter alleine war, hat es stets die Erfahrung gemacht, daß Sie zurückkommen. Aus vorübergehender kurzer Angst ist niemals eine Verlassensangst geworden. Ihr Kind hat Sicherheit und Vertrauen entwickelt. Dadurch verfügt es vielleicht jetzt auch schon über die Kraft, das Alleinsein auszuhalten. Sicher wird es noch dann und wann Angst haben, aber es wird lernen, sie auszuhalten, und feststellen, daß ihm nie etwas passiert und daß Sie immer wieder zurückkommen. Diese Erfahrung wird sein Selbstbewußtsein von Mal zu Mal stärken und ihm die Gewißheit geben, daß man sich von Ängsten nicht beherrschen zu lassen braucht, sondern sie selbst beherrschen kann.

Die Erlebnisreise schenkt Ihrem Kind eine Geschichte, an die es sich erinnern kann, wenn ihm das Alleinsein Probleme bereitet. Hat es nach einem oder mehrmaligem Hören ein Schlüsselwort wie z.B. »Benny« (der Name seines Hundes) oder »Im Blockland« (der Ort, an dem die Geschichte spielt) gefunden, so kann es später bei Bedarf über diese Worte schneller in seine Erlebniswelt kommen. Es wird sich umgehend entspannen und leicht in den Schlaf finden.

Mögliche Einleitung

In letzter Zeit habe ich bemerkt, daß du eigentlich keinen Babysitter mehr möchtest, weil du meinst, daß du dafür schon zu groß bist. Vielleicht hast du recht. Aber ich denke, es ist ganz gut, wenn wir dich ein bißchen auf das Alleinsein vorbereiten. Meinst du nicht? Ich habe als Kind oft Angst gehabt und konnte nur schlecht damit fertig werden. Ich möchte, daß du lernst, besser mit Angst, die etwas Natürliches ist, umzugehen. Du kannst sie mit Autogenem Training in den Griff bekommen. Wie das funktioniert, wirst du gleich sehen. Als erstes erzähle ich dir dazu eine Geschichte. Wenn sie dir hilft und du meinst, du kannst das Alleinsein riskieren, probieren wir es einfach mal ohne Babysitter. Vielleicht bist du dir nicht ganz sicher, dann wiederholen wir die Geschichte oder probieren eine andere aus. Wenn es dann noch nicht klappt, warten wir eben mit dem Alleinbleiben noch ein bißchen und üben weiter Autogenes Training. Einverstanden?

Stell dir vor, du bist allein in der Wohnung. Du möchtest schlafen, aber du schaffst es nicht. Immer wieder schreckst du hoch, weil du Geräusche hörst, die du dir nicht erklären kannst. Du hast Angst, obwohl du weißt, daß alle Türen abgeschlossen sind und nebenan noch andere Leute wohnen. Ich möchte dir zeigen, wie du in solchen Situationen leichter

Ruhe finden kannst. Durch richtige Entspannung kannst du etwas wie einen kleinen Schalter zu deiner Gedankenwelt anknipsen. Du wirst die Geräusche dann zwar immer noch hören, ihnen aber in deiner Phantasie eine andere Bedeutung oder einen neuen Namen geben. Vielleicht findest du ein Schlüsselwort wie z. B. »Sternenwiese« oder »Zuckerwatte« für die Erlebnisreise, von der ich dir jetzt erzählen will. Wenn du dann mal wieder allein bist und Angst hast, kannst du dich mit diesem einen Wort schnell wieder an dein Phantasieerlebnis erinnern. Das wäre doch toll, oder? Versuche es doch einfach mal.

Die Geschichte

Schließ deine Augen und atme ganz tief ein. Halt die Luft ein wenig an und versuche sie durch deinen ganzen Körper zu schicken. Dann atmest du aus, und zwar so lange, bis du glaubst, gar keine Luft mehr in dir zu haben. Das machst du mehrere Male und wirst merken, wie du ruhiger wirst. Hör deinen Herzschlag. Dein Herz klopft langsam und rhythmisch. Du fühlst dich wohl. Deine Beine sind schwer und müde. Auch deine Arme wollen sich ausruhen. Dein ganzer Körper ist warm, und du hast keine Angst, weil du jetzt locker und entspannt bist. Versetze dich in Gedanken an einen Ort, wo du jetzt gerne wärst. Laß dir Zeit dabei, denn du sollst dich dort wohlfühlen. Ich denke, du hast jetzt einen Ort gefunden. Und du bist nicht allein. Jemand ist bei dir. Du gibst ihm in deiner Phantasie eine Gestalt. Es kann eine Person oder ein Tier sein. Vielleicht ist es jemand, der dich auf deiner Erlebnisreise beschützt! Du wählst einen Namen. Vielleicht möchtest du ihm in deinen Gedanken etwas erzählen. Ein Erlebnis, das dich einmal stark beeindruckt hat.

Weil es dich lange beschäftigt hat, kannst du es in deinen Gedanken spannend und in vielen Einzelheiten erzählen. Dein
neuer Freund hört dir ganz aufmerksam zu. Wenn du aber
keine Lust zum Erzählen hast, ist das nicht schlimm. Vielleicht sucht ihr euch einfach einen gemütlichen Platz, um
euch auszuruhen. Ihr kuschelt euch ein bißchen zusammen
und mit der Zeit werdet ihr müde und ein wenig schläfrig.

– – – –

Erinnere dich, du warst mit einem Freund an einem gemütlichen Platz. Du hast ihm dein Erlebnis erzählt, oder ihr habt
euch einfach ein bißchen ausgeruht. Während du dich wieder in die Entspannung hineinbegibst, kommt dir nun eine
Idee. Die Idee, daß ihr etwas gemeinsam unternehmen
könntet. Deine Müdigkeit ist verschwunden, du fühlst dich
frisch und gelöst. Vielleicht spielt ihr zusammen oder redet
einfach miteinander über Dinge, die euch beschäftigen. Vielleicht geht ihr aber auch auf eine Entdeckungsreise und erlebt ein Abenteuer zusammen. Du kannst das Erlebnis durch
deine Phantasie ganz allein bestimmen. Und was du dir
auch ausdenkst, dein Einfall wird begeistert angenommen,
und ihr habt eine schöne Zeit zusammen.

Danach fällst du in einen tiefen, erholsamen Schlaf. Du
träumst noch ein wenig von dem, was passiert ist, und holst
dir Mut und Kraft für morgen.

Anregungen für Eltern:
- Von den eigenen Kindheitsängsten erzählen und sie auch möglichst bildhaft schildern.
- Erzählen, daß das, wovor man Angst hatte, niemals eingetreten ist, daß sich im Laufe der Zeit eine einfache, plausible Erklärung dafür gefunden hat.
- Sich die Ängste des Kindes beschreiben lassen.
- Gemeinsam überlegen, wie man mit Ängsten umgehen könnte.

Auf der Insel

Wenn Sie feststellen, daß Ihr Kind unruhig ist und sich langweilt, daß es unzufrieden ist und dabei eigentlich nicht so richtig weiß, warum.

Es gibt Tage, da fällt es Ihnen vielleicht schwer, Verständnis für Ihr Kind aufzubringen, wenn es sich mal wieder langweilt. Sie sind der Meinung, daß es genügend Spielsachen besitzt, die seine Freizeit ausfüllen könnten – daß Sie vielleicht auch seine Hobbys großzügig finanzieren, es geht zum Fußball, zur Musikschule, zu den Pfadfindern u.ä. –, es sollte eigentlich zufrieden sein. Es hat all dies selbst gewollt. Sie haben ihm die Wünsche erfüllt. Ihr Kind möchte diese Hobbys sicher noch gerne weiterverfolgen, doch im Gegensatz zu uns möchten Kinder ihre Freizeit oft spontaner gestalten. Selbst wenn sie gerne Fußball spielen, die Gruppe der Musikschule und der Pfadfinder ihnen gefällt, warum sollen sie gerade am Montag oder Mittwoch, wenn ihre Freunde keine Termine haben, dorthin? Sie haben Ihr Kind darauf vorbereitet, daß, wenn es die Musikschule besucht, es immer am Montag diesen Termin hat, daß, wenn es in einer Mannschaft spielt, die Mitspieler sich aufeinander verlassen können sollten?! Sicher sollte Ihr Kind lernen, seinen Verpflichtungen nachzukommen. Trotzdem sollten Sie Verständnis zeigen, wenn es nicht immer Lust hat zu dem, wofür es sich vor langer Zeit einmal entschieden hat, daß es manchmal unzufrieden ist und sich in seiner übrigen Zeit langweilt. Wenn Ihr Kind viele Termine hat, ist es an eine Einteilung seines Tages oder seiner Woche gewöhnt. Jeder Freiraum scheint es zu überfordern, zu blockieren. Um wieder spontan spielen zu können, muß Ihr Kind zunächst einmal seine Unruhe und Unzufriedenheit ablegen. Mit der nachfolgenden Geschichte können Sie ihm helfen, sich zu lösen, neue Kreativität zu entwickeln.

Mögliche Einleitung

Heute ist mal wieder so ein Tag, an dem du nichts Rechtes mit dir anzufangen weißt. Du bist enttäuscht, weil keiner deiner Freunde (Freundinnen) Zeit für dich hat. Gleichzeitig bist du eigentlich ziemlich wütend, weil sie morgen können, du dann aber einen Termin hast. Obwohl du am liebsten wild um dich hauen würdest, macht dich deine Situation kraftlos. Irgendwie hast du zu nichts richtig Lust. Es ist, als ob dir deine Enttäuschung jede Idee aus dem Kopf gestohlen hätte. Er scheint dir plötzlich völlig leer zu sein. Auch deine Beine fühlen sich kraftlos an. Gib deinem Körper nach, und mache es dir bequem.

Die Geschichte

Schließ doch deine Augen, und gehe mit mir auf eine kleine Entdeckungsreise. Versuch alle deine Gedanken aus dem Kopf zu schieben. Denk nur an deinen Körper. Zunächst an deine Beine. Versuche zu fühlen, wie in ihnen das Blut, wie das Wasser in einem Fluß, ruhig fließt. Sie werden langsam wärmer. Die Wärme kommt aus deinem Inneren. Du schickst sie mit deinen Gedanken in die Beine bis zu deinen Zehenspitzen. Deine Beine sind jetzt schwer und warm. Nun konzentriere dich auf deine Arme. Auch sie sollen deine Wärme aufnehmen. Du bringst sie in deine Arme, indem du wieder ganz intensiv an Wärme denkst. Mit dem Blut sendest du deine Wärme in die Arme bis hinunter in die Fingerspitzen. Jetzt fühlt sich dein Körper warm und schwer an. Du hörst deinen Atem. Er geht langsam und ruhig. Du bist jetzt ganz gelöst und entspannt. Dein Kopf ist frei von anderen Gedanken. Du fühlst nur dich in deinem warmen Körper.

In deinen Gedanken verläßt du nun dein bequemes Plätzchen.

Du wechselst den Ort und siehst jetzt einen großen See mit vielen kleinen grünen Inseln. Du liegst auf einer roten Luftmatratze für zwei Personen. Sie treibt langsam mit dir über das Wasser. Du liegst auf dem Rücken, die Sonne über dir wärmt deinen Körper und macht dich träge und schläfrig. Deine Arme und Beine sind schwer. Es ist ein wunderbares Gefühl. Das leichte Schaukeln der Luftmatratze, das sanfte Auf und Ab lullt dich ein. Die Wellenbewegungen des Wassers wiegen deinen Körper. Du fühlst dich rundum glücklich und geborgen. Nicht nur von oben spürst du Wärme, auch von der Seite erhältst du sie, denn du bist nicht allein. Dein(e) Freund(in) liegt neben dir, und was du spürst, ist sein (ihr) Körper. Er (sie) liegt wie du auf dem Rücken. Ihr seid von Stille umgeben. Gemächlich treibt ihr gemeinsam über den See. Zwei Kinder, lang ausgestreckt auf einer großen roten Luftmatratze, die sich sanft auf und ab bewegt. Eine ganze Zeit laßt ihr beide euch so über das Wasser tragen. Du fühlst dich entspannt und von einer wohltuenden Ruhe eingehüllt.

– – – –

Erinnere dich, du liegst mit deinem Freund auf einer großen roten Luftmatratze, die auf einem See treibt. Das sanfte Auf und Ab des Wassers hat euch mit einer wohltuenden Ruhe umhüllt. Jetzt spürst du allmählich Kraft in dir wachsen. Aus deiner Entspannung wächst eine neue Energie. Wo seid ihr jetzt, wie weit habt ihr euch vom Ufer entfernt? Vorsichtig blinzelst du, denn noch immer knallt die Sonne vom strahlend blauen Himmel. Du kannst das Ufer nicht mehr sehen. Die Luftmatratze steuert auf eine kleine grüne Insel zu. Du hast keine Angst, denn du bist ja nicht allein. Langsam richtest du dich auf. Dein(e) Freund(in) scheint noch zu schlafen. Voller Interesse schaust du dir die kleine Insel näher an. An ihrem Ufersaum ist hohes grünes und bräunliches Schilf. Dahinter siehst du allerlei verschiedene Büsche und Sträucher. Ein paar zarte Bäume kannst du auch entdecken. Du schaust dich noch einmal um. Das Ufer ist immer noch nicht zu entdecken. Außer euch scheint auch kein Mensch hier zu sein. Deine Neugierde ist nun ganz geweckt. Diese Insel da vor dir möchtest du erforschen. Nur du und dein(e) Freund(in), den (die) du nun vorsichtig weckst.

Du zeigst ihm (ihr) die Insel und erzählst ihm (ihr) von deiner Idee. Er (sie) ist sofort begeistert. Mit den Händen rudert ihr zum Ufer. Vorsichtig gleitet die Luftmatratze durch das Schilf. Es ist nicht ganz leicht, durch das Gestrüpp hindurchzukommen. Aber dann entdeckt ihr eine Stelle, wo ihr euch leicht der Insel nähern könnt. Ihr schafft die restlichen Meter, indem ihr ins Wasser steigt und eure Matratze an Land zieht. Nach dieser kleinen Anstrengung sucht ihr euch erst einmal ein bequemes Plätzchen, um eure neue Umgebung zu genießen und euch auszuruhen.

– – – –

Erinnere dich, du sitzt mit einem Freund (einer Freundin) auf einer Insel, nachdem ihr mit eurer Luftmatratze hier gelandet seid. Ihr habt die Umgebung genossen und euch ausgeruht.

Ist es nicht ein herrliches Gefühl? Als ob das Eiland euch allein gehören würde? Es hält euch keinen Augenblick länger an eurem Platz, ihr wollt mehr sehen. Langsam bewegt ihr euch vorwärts, nehmt die Insel in euren Besitz. Schon bald seid ihr ringsum von Büschen und Bäumen umgeben. Der See ist nicht mehr zu sehen. Ihr hört Vogelgezwitscher und hin und wieder leise Geräusche aus irgendeinem Busch. Zwischendurch ist es sehr still. Ihr versucht, Tiere zu entdecken. Ganz leise schleicht ihr euch an die Büsche heran, aus denen Geräusche dringen. Bald seid ihr auf der anderen Seite der Insel angekommen. Ihr schaut über das Wasser und entdeckt in einiger Entfernung eine andere kleine Insel. Du schlägst vor, sie bei eurem nächsten Treffen genauer zu erforschen. Dein(e) Freund(in) ist einverstanden. Auf einem Baumstumpf laßt ihr euch nieder. Jetzt fühlst du dich zufrieden und glücklich. Gemeinsam schmiedet ihr Pläne für die nächste Zeit. Vielleicht bleibst du nun, da du entspannt bist, noch ein wenig liegen und malst dir die nächste Entdeckungsreise mit deinem Freund (deiner Freundin) aus, bevor du frisch und erholt in den Alltag zurückkehrst.

Anregungen für Eltern:
- Vielleicht könnte man über seltene Schilfpflanzen, Brutplätze von Wasservögeln usw. sprechen? Welche Tiere leben am Ufer von Seen, welche Vögel kann man beobachten? Warum wird den Menschen für einige Gebiete der Zutritt verwehrt?
- Über Freizeitsport wie Kanu- und Motorbootfahren sprechen, überlegen, wo und warum er die Tier- und Pflanzenwelt beeinträchtigt.

Alexanders Geschichten

Wenn Sie feststellen, daß es Ihrem Kind seelisch nicht gut geht, es seine Gefühle nach innen richtet, antriebslos wirkt, sich nicht zu beschäftigen weiß.

Ihr Kind erlebt viele Dinge das erste Mal. Es kommt beinahe täglich mit anderen Menschen in Berührung und hat deshalb eine Menge Eindrücke zu verarbeiten. Sich in seiner Umwelt zurechtzufinden, die anderen zu verstehen erfordert viel Kraft und Energie, vor allem, wenn es diese »Arbeit« nicht spielerisch leisten kann. Früher hatten die Kinder nicht nur mehr öffentlichen Raum zum freien Spiel, sie verfügten auch über weniger Spielzeug und bauten deshalb die Welt der Erwachsenen häufiger in ihr Rollenspiel ein.

Heute verarbeiten sie ihre Eindrücke meist sitzend und eher theoretisch. Zu selten wird ihr Bewegungsdrang befriedigt und kommt es zu Körperkontakt und sozialer Auseinandersetzung, wenn sie vor dem Fernseher oder Computer hocken. Sie können wohl kaum dafür sorgen, daß Ihrem Kind mehr öffentlicher Raum zum freien Spiel zur Verfügung gestellt wird, es wäre auch sicher nicht sinnvoll, ihm sein Spielzeug wegzunehmen. Daß die Technik und ihre schnelle Entwicklung und Veränderung zu der Welt Ihres Kindes gehört, müssen Sie wohl heute bis zu einem gewissen Grad hinnehmen. Ihr Kind hat einiges mehr an Eindrücken und Einflüssen zu verarbeiten, als Sie es vielleicht jemals hatten.

Deshalb sollten Sie Verständnis zeigen, wenn es manchmal Gefühle unterdrückt, wenn es manchmal antriebslos »rumhängt«, wenn es sich »total langweilt«. Es braucht diese Phasen, um seine Gefühle »abzuarbeiten«, um das, was es gesehen und gefühlt hat, in seine Welt einzuordnen. Mit der folgenden Geschichte können Sie ihm bei dieser Arbeit helfen.

Mögliche Einleitung

Stelle dir vor, daß du mal wieder alleine bist. Du sitzt auf dem Boden deines Zimmers und weißt nicht so recht, was du machen sollst. Es geht dir überhaupt nicht gut. Wenn wenigstens ein anderes Kind hier wäre! Du gibst deinem Gefühl den Namen Langeweile. Eigentlich bist du traurig, ein wenig sauer, vielleicht sogar etwas wütend. Aber diese Gedanken willst du nicht zulassen, weil du meinst, sie nicht haben zu dürfen. Ich möchte dir deine Traurigkeit nehmen. Laß uns miteinander eine kurze Gedankenreise machen, auf der du deine Gefühle spüren darfst.

Ich möchte mit dir den achtjährigen Alexander besuchen.

Die Geschichte

Schließ deine Augen und entspann dich, indem du dich nur auf deinen Körper konzentrierst. Atme einige Male tief ein und langsam wieder aus, bis deine Atmung ruhig und gleichmäßig wird. Fühle, wie deine Arme und Beine schwer und müde werden. Es geht dir jetzt gut, du bist völlig entspannt, nichts ist mehr da, was dich bedrückt. Wenn ich gleich mit meiner Geschichte beginne, möchte ich, daß du dir in deinen Gedanken Bilder machst. Versuch dich ganz auf die Orte, die Personen und die Handlung zu konzentrieren. Alle anderen Gedanken sollten jetzt nach einem kleinen Moment der Stille aus deinem Kopf verschwunden sein.

Alexanders Elternhaus steht in einem wunderschönen großen Park. Ein breiter Kiesweg mit hohen Bäumen und farbenfrohen Büschen führt auf das Grundstück. Der Eingang zum Park ist durch ein prächtiges, schwarzes, schmiedeeisernes Tor mit angedeuteten Tierfiguren versperrt. Laß es uns vorsichtig öffnen, damit uns Alexander nicht hört. Schau doch mal, da links steht sein riesiger Kletterbaum. Bei schönem Wetter kannst du Alexander dort oft in seinem Baumhaus treffen. Gleich daneben siehst du den Spielplatz. Dort ist Alexander in letzter Zeit seltener, weil er denkt, daß er dafür schon zu groß sei. Gefallen dir die weißen steinernen Löwenköpfe neben der Eingangstür? Doch laß uns um das Haus herum gehen, dann können wir in Alexanders Zimmer schauen. Er kann von dort auf den Swimmingpool und den hinteren Teil des Parks blicken. Komm, gib mir deine Hand. Wir wollen uns leise ranschleichen. Hoffentlich verrät uns das Knirschen der Kieselsteine nicht! Ich weiß, daß außer Alexander niemand im Haus ist. Er wird – wie du – oft von seinen Eltern allein gelassen. Sie haben ihm eine Menge Spielsachen gekauft, damit er sich nicht langweilt.

So, wir sind da. Schau doch mal in sein Zimmer. Siehst du, wie voll seine Regale sind? Sicher denkst du jetzt, damit würdest du dich niemals langweilen. Nimm etwas aus einem Regal, mit dem du spielen möchtest, und spiele damit, bis es dir richtig gutgeht, du dich ausgeglichen und zufrieden fühlst.

– – – –

Erinnere dich, du warst in Alexanders Elternhaus und hast mit seinen Spielsachen gespielt. Es war nicht leicht, sich zu entscheiden bei so vielen Spielen, nicht wahr? Alexander hat sich trotz ihrer Vielzahl oder auch gerade deswegen oft gelangweilt. Er konnte keine richtige Freude an allen neuen Sachen empfinden, die ihm seine Eltern geschenkt haben. Nur für ein paar Stunden fand er sie interessant, dann landeten sie in der Ecke. Egal, wie teuer oder technisch ausgefeilt sie waren. Weißt du, ein Kind, das traurig ist, kann durch das schönste Spielzeug nicht fröhlich gestimmt werden. Man kann die Traurigkeit für ein paar Stunden zur Seite schieben. Doch sobald das Neue seinen Reiz verloren hat, kommt sie wieder durch. Kein Spiel kann dich ganz von deinem Kummer befreien.

Außerdem braucht jedes Ding seine Zeit. So ist es auch, wenn du traurig bist. Kannst du weinen, rollt dein Kummer mit den Tränen aus deinem Körper. Unterdrückst du die Tränen, dauert es länger. Dann fühlst du dich so, wie es dir vorhin ging. Du weißt eigentlich gar nicht, was los ist, nur, daß du zu nichts Lust hast.

Doch schau dir mal Alexander an! Er wirkt gar nicht traurig, obwohl er ganz alleine in dem riesigen Haus ist, nicht wahr? Ich glaube, er lächelt sogar ein bißchen? Sieh mal, er zeichnet. Hättest du auch Lust zu zeichnen? Bestimmt fällt dir etwas Schönes ein. Versuche es einfach, und genieße deine Tätigkeit.

– – – –

Erinnere dich, du warst in Alexanders Elternhaus, hast erst gespielt und dann gezeichnet. Laß uns nun weiterschauen. Du meinst, Alexanders Zeichnen ist auf Dauer auch nicht das Richtige gegen seine Langeweile? Ich kann dir sagen, das stimmt nicht, und ich zeige dir auch, warum. Schau, in dem großen Kasten neben seinen Bunt- und Filzstiften sind nämlich seine Geschichten! Gemalte Geschichten, die Alexander gemacht hat, wenn er alleine war. Aus Langeweile hat er sie sich ausgedacht, und mit der Zeit hat er festgestellt, welche Freude es ihm machte. Zu Anfang hat er seine Eltern gemalt und was er mit ihnen gerne unternehmen würde. Dann hat er seine Freunde genommen und gezeichnet, was er mit ihnen Besonderes erlebt hat. Im Laufe der Zeit bekam Alexander immer mehr Ideen, und inzwischen sind seine kleinen Bildgeschichten zu großen Phantasiereisen geworden. Manchmal setzt er eine angefangene Geschichte fort, ein anderes Mal denkt er sich eine neue aus. Es gibt auch Tage, an denen Alexander keine Lust zum Zeichnen hat. Dann legt er sich auf sein Bett und schaut sich die verschiedenen Bilder an. Im Nu ist er mit seinen Gedanken in den Geschichten drin.

Dann schließt er die Augen, und sein Körper entspannt sich langsam. Während vertraute Bilder in Gedanken vor seinen Augen vorbeiziehen, wird seine Atmung immer gleichmäßiger. Er wird ruhiger. Er atmet tief ein und lange wieder aus. Die vertrauten Figuren seiner Geschichten nehmen ihm das Gefühl des Alleinseins. Er fühlt sich geborgen, und eine wohlige Wärme durchströmt ihn. Manchmal schläft er bei seiner Gedankenreise ein, doch fast immer ist er hinterher nicht mehr traurig, und seine Langeweile ist verschwunden.

Vielleicht geht es dir auch so, da meine Geschichte jetzt zu Ende ist.

Anregungen für Eltern:
- Über Langeweile und was man dagegen tun kann sprechen.
- Über Spielsachen sprechen und überlegen, ob zu viele die Freude am einzelnen verhindern können.
- Darüber sprechen, wie schön es sein kann, wenn man Ereignisse oder seine Ideen in Bildern oder Worten festhält, wie man sie später wieder aufnehmen und weiterentwickeln kann.

Auf dem Spielplatz

Wenn Ihr Kind das Bett hüten muß, weil es eine Krankheit auszukurieren hat, es sich dabei unzufrieden und gelangweilt fühlt.

Wie wenig Zeit wir uns für den anderen nehmen, erfahren wir meist erst dann, wenn wir uns etwas von der Zeit der anderen wünschen. So z.B. wenn wir ans Bett »gefesselt« sind, ohne daß wir uns wirklich richtig krank fühlen. Sollte Ihr Kind aus irgendeinem Grund über einen längeren Zeitraum das Bett hüten müssen, denken Sie daran, wie sehr es Ihre Zeit und Zuwendung braucht. Wenn es sich auch sonst vielleicht gut alleine beschäftigen kann, jetzt plötzlich scheint seine sonstige Kreativität wie weggeblasen. Es fühlt sich überfordert, empfindet seine Situation vielleicht als ungerecht, sieht sich bestraft und weiß nicht wofür. Es wird in seinem natürlichen Bewegungsdrang gebremst. Das macht es äußerst kribbelig und unzufrieden. Mit der folgenden Geschichte können Sie ihm helfen, sein seelisches Wohlbefinden wiederzuerlangen. Mit der Entspannung wird das Kribbeln in seinem Körper verschwinden, Ihr Kind wird seine Situation für eine Zeitlang wieder mit mehr Geduld ertragen können. Wiederholen Sie die Phantasiereise, sooft es Ihnen nötig erscheint.

Mögliche Einleitung

Seit einer Woche mußt du nun schon das Bett hüten, das heißt, einmal am Tag darfst du es mit der Couch im Wohnzimmer tauschen. Und das soll noch mindestens zwei Wochen so weitergehen. Du fühlst dich vom Schicksal schwer getroffen, denn die lange, ungewollte Bettruhe geht dir mächtig auf den Geist.

Seit die Erkrankung deine Bewegungsmöglichkeiten auf ein Minimum eingeschränkt hat, geht es dir von Tag zu Tag schlechter.

In der ersten Zeit warst du begeistert. Keine Schule, viel fernsehen, Musik hören, lesen, doch allmählich ödet dich dieses Übermaß an Freizeit mächtig an. Zwar nehmen sich die Erwachsenen hin und wieder die Zeit für ein gemeinsames Spiel, doch danach müssen sie sich wieder ihren Pflichten widmen. Der Alltag, das heißt das gewohnte Leben, läuft mehr oder weniger ohne dich ab.

Nie hättest du gedacht, wie wichtig das tägliche Einerlei für dich sein könnte. Jetzt merkst du, daß der Alltag die Freizeit erst zu etwas Besonderem macht und daß ein Zuviel an Freizeit einen Menschen eher bremst als motiviert. Selbst zur dummen Schule würdest du zur Zeit liebend gerne gehen! Dann wärst du wenigstens bei deinen Freunden. Sie haben wie alle anderen wenig Zeit für dich. Manchmal schauen sie nachmittags für eine Viertelstunde bei dir rein. Sie bringen dir die Hausarbeiten, erzählen kurz das Neueste, was sie beschäftigt, und schon sind sie wieder verschwunden. Dann sagen sie, daß sie noch Hausarbeiten machen müßten oder einen Termin hätten. Und schon bist du wieder allein.

Lesen und auch fernsehen ermüdet dich. Ständig hast du das Bedürfnis, die Augen zu schließen, aber richtig müde bist du eigentlich nicht. Du sinkst oft in eine Art Halbschlaf, das heißt, du schläfst nicht richtig, denn du nimmst alle Geräusche um dich herum wahr. Dann schreckst du durch etwas hoch und bist kein bißchen erholter als vorher. Im Gegenteil, dieser Zustand, halb wach, halb schlafend, macht dich immer kribbeliger. Das ständige Liegen tut sein Übriges, um deine Situation unerträglich zu machen. Du weißt nicht mehr, wie du dich hinlegen sollst. Immer wieder drehst und wendest du dich, aber jede Stellung bringt dich bald auf die Palme. Du fühlst dich genervt und unglücklich. Vielleicht kann ich dir mit einer kleinen Phantasiereise die Gereiztheit für einige Zeit nehmen.

Die Geschichte

Versuche, alle Gedanken, die deine Stimmung vermiesen, aus dem Kopf zu verdrängen. Konzentriere dich nur auf deine Arme. Stelle dir vor, daß du auf einer Wiese liegst und die Sonne auf sie scheint. Sie dringt mit ihren warmen Strahlen in die Haut ein. Es tut gut, ihre Wärme zu spüren, und sie dehnt sich nun auf deinen ganzen Körper aus. Du fühlst, wie die Energie der Sonne von deinen Händen durch deinen Arm hindurch bis hinunter zu deinen Füßen wandert. Das Kribbeln verschwindet nach und nach. Die Strahlen haben eine heilende Wirkung. Ihre Kräfte erwecken deinen Körper zu neuem Leben. Als das weiche Gras dich kitzelt, fühlst du dich wie neugeboren. Voller Freude springst du auf und wunderst dich überhaupt nicht mehr, daß du dich plötzlich gesund fühlst. In deinen Gedanken hast du deine Erkrankung überstanden, und das Leben liegt wie ein Geschenk neu vor dir. Du beginnst auf das Leben zuzulaufen. Erst langsam, dann immer schneller, ganz berauscht von deiner gewachsenen Kraft. Du läufst und läufst. Mit jedem Meter fühlst du dich wohler. Du möchtest schreien vor Freude und Lust. Erst als du zu keuchen beginnst, verlangsamst du deine Geschwindigkeit und schaust dich um. Du bist in einem Park, der dir irgendwie bekannt vorkommt. Ist es nicht schön hier? Du setzt dich auf eine Wiese und schaust dich um. Es kommen dir Erinnerungen. Es geht dir gut, und du freust dich.

– – – – –

Erinnere dich, du bist gelaufen und gelaufen und schließlich in einem Park gelandet. Dort hast du dich niedergelassen und dich an Verschiedenes erinnert, was dir Freude bereitet hat.

Nun führt dich dein Weg auf einen großen Spielplatz. Kein Mensch ist zu sehen, alle Spielgeräte sind unbesetzt. Das Kettenkarussell steht still und sieht ein wenig gespenstisch aus. Es stört dich nicht.

Voller Tatendrang steigst du in die Tunnelröhre und beginnst, dich durch große Schritte mit der Röhre zu drehen. Dabei erblickst du das große Klettergerüst zur Riesenrutsche. Im Nu verläßt du die Tunnelröhre, rennst hinüber und fängst an, das wackelige Gestell aus dicken Tauen hinaufzuklettern. Deine Krankheit hast du völlig vergessen. Oben angekommen, läßt du dich mit einem lauten Begeisterungsschrei in die Riesenrutsche fallen. Mit hoher Geschwindigkeit saust du abwärts. Mehrere Male noch erkletterst du die Rutsche, und mit jeder Fahrt hinunter läßt du einen Teil deines Frustes der letzten Zeit raus. Jetzt geht es dir schon viel besser. Doch immer noch verfügst du über eine große Menge an Energie, die sich in der über eine Woche dauernden Bettruhe angesammelt hat.

Da entdeckst du das Trampolin. In Null Komma nix bist du da, streifst die Schuhe ab und beginnst zu springen. Am Anfang sehr vorsichtig, dann legst du immer mehr Kraft in deine Beine.

Mit jedem Sprung kommst du höher. Du juchzt vor Vergnügen.

So liebst du die Welt! Losgelöst und frei, nicht auf ein Bett oder eine Couch verbannt. Das ist deine Sache, das findest du toll!

Bleibe noch eine Zeitlang in dieser Welt, um frische Kraft und neue Zufriedenheit zu schöpfen, damit du anschließend die Gegenwart mit neuer Geduld ertragen kannst.

Anregungen für Eltern:
- Über Krankheiten sprechen, ihre Ansteckungsgefahr, ihre Heilung, warum es zu Krankheiten kommt usw.
- Darüber sprechen, wie wichtig Krankheiten für den Aufbau eines intakten Immunsystems sind.

Am Bach

Wenn Ihr Kind sich alleingelassen fühlt, es sehr traurig ist und unter Seelenschmerz leidet, wenn es Heimweh hat.

Kinder leben ihre Gefühle, wenn wir sie nicht unterdrücken, sehr intensiv aus. Sie zeigen, was sie empfinden, nicht nur spontan und ehrlich, sie drücken es auch mit ihrem ganzen Körper aus. Fühlt sich ein Kind alleingelassen, hat es Heimweh, so leidet es wirklich und fühlt sich krank. Ist Ihr Kind in einer solchen Situation, hat es keine Lust zum Spielen, werden ihm keine Einfälle kommen. Es wird sich kaum von anderen trösten lassen. Doch ebenso schnell, wie ihn seine Traurigkeit blockiert, kann seine Stimmung wieder umschlagen, z.B., wenn Sie ihm die folgende Geschichte vorlesen. Sie schenken ihm mit ihr nicht nur Ihre Zuwendung, sondern eine Art Gedankenbilderbuch, das es »durchblättern« kann, wenn es wieder allein ist. Es kann sich an seine Gedanken erinnern, sie werden ihm wie bunte Bilder die Traurigkeit nehmen.

Mögliche Einleitung

Du bist traurig und fühlst dich allein gelassen. Seit du hier im Krankenhaus liegst, hast du Heimweh. Obwohl du jeden Tag viel Besuch bekommst und auch die Schwestern sich liebevoll um dich kümmern, bist du traurig. Du vermißt deine Geschwister, dein Zimmer, deine Spielsachen und deine Freunde.

Dein ganzes Leben ist plötzlich anders geworden, deine heile, geborgene Welt aus den Fugen geraten. Vielleicht hast du auch ein bißchen Angst, daß alles nie mehr so schön werden könnte, wie es mal war.

Laß dich von mir ein wenig ablenken.

Vielleicht kann ich dich mit deiner eigenen Phantasie etwas fröhlicher stimmen. Versuche, die traurig machenden Gedanken aus deinem Kopf zu schicken.

Die Geschichte

Schließ deine Augen, und atme ganz ruhig ein und aus. Horch auf dein Herz. Es schlägt langsam und gleichmäßig. Es möchte, daß du dich wohl fühlst und glücklich bist. Das möchtest du doch sicher auch. Sage es dir! Sage es dir immer wieder, bis du merkst, daß es dir langsam besser geht. Du bist ruhig und entspannt und fühlst dich wohl in deinem Körper.

Stelle dir jetzt eine Landschaft mit etwas Wald und kleinen Hügeln vor. Du gehst durch dieses Gelände. Es ist ein warmer Sommertag, und die Sonne lacht vom Himmel. Sie ruft deinen Namen und zwinkert dir zu: He, schau mich an, wie fröhlich ich bin. Willst du es nicht auch sein? Na klar, rufst du und beginnst zu hüpfen, denn du fühlst, wie die Sonnenstrahlen dich fröhlich machen. Du hüpfst, bis du über dich lachen mußt. Jetzt geht es dir richtig gut.

Du hebst einen Stock auf und beginnst, mit ihm Linien auf dem Weg hinter dir her zu ziehen. Dabei summst du in Gedanken ein Lied. Manchmal hüpft dein Stock über eine Wurzel, manchmal umkreist du mit ihm einen Baumstumpf. Oh, hier ist eine Stelle, wo der Boden deinem Stock besonders gut nachgibt. Jede Linie ist deutlich zu erkennen. Du fährst einige Male mit dem Stock hin und her, und vor deinen Augen entsteht ein Bild. Es gefällt dir schon ganz gut, doch dann hast du den Einfall, es mit Blättern und kleinen Zweigen zu schmücken. Konzentriert setzt du deine Idee in die Tat um. Du bist sehr vertieft in deine Arbeit, sie füllt dich aus und macht dich ganz zufrieden.

– – – –

Erinnere dich, du hast einen Spaziergang durch ein hügeliges Gelände gemacht und dann ein Bild mit einem Stock gemalt. Es ging dir gut, weil du ganz in deine Arbeit vertieft warst. Jetzt verspürst du den Wunsch, etwas Neues zu entdecken. Du schlenderst gemütlich weiter. Plötzlich bleibst du stehen und horchst. Du hörst ein Plätschern. Ganz in deiner Nähe muß Wasser sein. Da möchtest du hin! Du gehst dem Geräusch nach und kommst bald an einen kleinen Bach. Lustig sprudelt das Wasser in ihm. An einigen Stellen scheint es über die vielen Steine zu springen. Du greifst nach einem Stein und wirfst ihn voller Übermut in den Bach. Das Wasser spritzt nach allen Seiten. Du hast Lust, das Wasser auf deiner Haut zu spüren, denn nach dem vielen Hüpfen ist dir ein wenig warm geworden. Ohne lange zu überlegen, ziehst du deine Schuhe aus und streifst deine Strümpfe ab. Dann steigst du vorsichtig mit den Füßen in den flachen Bach. Huch, zunächst ist es ein wenig kalt! Schnell jedoch gewöhnst du dich an die Temperatur. Es wird angenehm erfrischend. Vorsichtig beginnst du zu gehen, denn auf den Steinen ist es sehr glitschig. Ein bißchen hilft dir dein Stock, obwohl du dich nicht auf ihm abstützen kannst. Da, ein kleiner Fisch! Du möchtest ihn greifen, aber ruckzuck ist er weg. Eine ganze Zeitlang schaust du dir die Dinge, die auf dem Grund des flachen Wasserlaufs liegen, genau an.

Nun werden dir die Füße doch langsam kalt, und so beschließt du, aus dem Wasser zu gehen. Du bleibst aber noch
eine Weile am Bach und genießt deine Umgebung. Es geht
dir gut, und du fühlst dich entspannt.

– – – –

Erinnere dich, du bist an einem Bach, den du barfuß ein
Stück erkundest hattest. In diesem Bach waren viele Dinge,
wie kleine Fische und interessante Steine. Jetzt entdeckst du
ein Stück Holz. Es gefällt dir. Du nimmst es in die Hand und
überlegst, was du damit machen könntest. Das Stück ist
länglich und sehr leicht, denn es ist nicht, wie du ursprüng-
lich gedacht hast, Holz, sondern Baumrinde. Und schon hast
du eine Idee! Du brichst das dünne Ende deines Stockes ab
und bohrst es in die Rinde. Es geht nicht ganz leicht, aber
mit etwas Anstrengung schaffst du es schließlich doch. Ja,
jetzt sieht es ein wenig wie ein Boot aus. Vorsichtig setzt du
es auf das Wasser, und zu deiner großen Freude geht es
nicht unter. Im Gegenteil, es schwimmt und wird vom Wasserlauf langsam fortgetragen. Du freust dich und schaust
ihm hinterher.

Plötzlich hast du eine Idee. Du stellst dir vor, wie du mit
dem Boot mitreist. In deiner Phantasie nimmst du die Gestalt eines Kapitäns an. Du stehst auf deinem Schiff, hältst
dich am Mast fest und treibst langsam den Fluß hinunter. Eine kleine Abenteuerreise beginnt.

Gestalte sie jetzt, da du ganz entspannt bist, mit deiner
Phantasie. Wenn sie beendet ist, bist du sicher wieder guter
Laune und nicht mehr traurig.

Anregungen für Eltern:
- Darüber sprechen, was es an einem Bach alles zu entdecken gibt.
- Gemeinsam überlegen, wie aus einem kleinen Bach ein großer Fluß wird.
- Von eigenen Krankenhausaufenthalten als Kind erzählen.

Auf In-Line-Skates

Wenn Ihr Kind sich, von Fernsehfilmen aufgewühlt, nicht zu beschäftigen weiß, frustriert und gelangweilt in seinem Zimmer hockt.

Immer wieder reagieren Kinder nach längerem Fernsehkonsum antriebslos und auch aggressiv. Wir wollen ihnen das Fernsehen nicht verbieten, vor allem, wenn das Wetter nicht zu anderen Beschäftigungen einlädt oder wenn wir keine Zeit haben. Wir wollen, daß sie mitreden können bei ihren Klassenkameraden und Freunden. Deshalb müssen wir auch ihre Reaktionen auf die Fernsehfilme akzeptieren. Wir sollten ihr Verhalten annehmen, ihnen bei der Bewältigung ihrer aufkommenden Gefühle helfen.

Verhält sich Ihr Kind also wieder einmal frustiert und antriebslos, nachdem es lange ferngesehen hat, und kann es zudem wegen schlechten Wetters nicht vor die Tür, lesen Sie ihm die folgende Geschichte vor. Danach wird es sich nicht nur erholt fühlen, sondern sich mit neuer Energie zu-frieden seinen Dingen wieder zuwenden.

Mögliche Einleitung

Wie schade, wieder ein verregnetes Wochenende. Der wol-kenverhangene Himmel schlägt sich auf die Stimmung un-serer Familie nieder, findest du nicht? Ist nicht jeder mit sich selbst beschäftigt? Alle scheinen Dingen nachzugehen, die sie schon immer mal tun wollten, für die es aber an Zeit gefehlt hat. Du empfindest die Atmosphäre als be-drückend und hast dich zurückgezogen, nachdem wir dir nach mehrstündigem Fernsehen den Apparat ausgestellt haben. Deshalb sitzt du vor deiner großen Legokiste. Doch obwohl du schon lange nichts mehr gebaut hast, scheint dir aber im Moment die rechte Lust zu fehlen. Du möchtest raus, nicht wahr, um dich zu bewegen? Fahrrad oder Skate-board fahren oder auf den Spielplatz gehen wäre nicht schlecht, stimmt`s? Ich kann dich verstehen. Alles, was du dir an guter Beschäftigung vorstellen kannst, ist draußen. Doch noch immer regnet es Bindfäden. Das würde dich nicht stören, na ja, aber wir, die Erwachsenen, halten natür-lich gar nichts von einer solchen Idee. Und Legobauen, das ist das letzte, wozu du jetzt Lust hast. Dazu bist du jetzt zu aufgewühlt nach den beiden Filmen, die du gerade gesehen hast. In ihnen war eine Menge los, es war ordentlich Action, oder?

Ich habe eine Idee, wie ich dir helfen könnte. Lege dich auf deine Couch, und schaue einige Zeit aus dem Fenster. Schiebe die grauen Regenwolken mit deinen wütenden Ge-danken aus deinem Blickfeld. Vielleicht legst du deine Lieb-lingskassette in deinen Walkman ein und setzt dir die Kopfhörer auf. Ich erzähle dir etwas, und du versuchst, dich bei leiser Musik zu entspannen.

Die Geschichte

Du willst von allem nichts mehr hören und sehen, deshalb schließ nun auch die Augen. Mit dir und deiner ganzen Welt noch ein bißchen unzufrieden, suchst du nun den Weg in deine Phantasiewelt. Mit jedem bekannten Song deiner Lieblingskassette läßt deine Anspannung ein wenig nach. Nach einiger Zeit ist deine Wut verraucht. Dein Körper nimmt die Schwingungen der Musik auf. Jetzt merkst du, daß du bequemer liegen könntest. Deshalb rutschst du ein wenig hin und her, bis du eine wirklich gemütliche Lage gefunden hast.

Du stößt einen tiefen Seufzer aus und reckst dich genüßlich. Damit hast du den größten Teil deiner Unzufriedenheit rausgelassen.

Du bist jetzt bereit, das Beste aus deiner momentanen Situation zu machen. Während du einem neuen Song lauschst, spürst du, wie deine Augenlider immer schwerer werden. Du kämpfst nicht dagegen an, denn die Musik hat dich bereits ein Stück von der Umgebung in deine eigene Welt getragen. Deine Beine werden schwer und müde. Allmählich erfaßt diese Müdigkeit deinen ganzen Körper. Du nimmst sie an und läßt dich mit der Musik in deine Phantasiewelt fallen.

Während ein neues Stück aus dem Kopfhörer erklingt, siehst du dich auf der Straße vor dem Haus. Du schaust an dir herunter und bemerkst, daß du deine In-Line-Skates trägst. Du hörst weiter die megastarke Musik, denn noch immer hast du deinen Walkman um. Langsam setzt du dich in Bewegung. Dein Gehör nimmt den Rhythmus der Musik auf und gibt ihn an deine Beine weiter. Sie gleiten im Takt der E-Gitarre und Bässe in den Skatern über die asphaltierte Straße.

Du schaust nach oben. Die Regenwolken haben sich verzogen. Sie haben ein Stück blauen Himmel freigegeben. Die Sonne ist bereits hinter einer großen Wolke zu ahnen. Die Bewegung tut dir gut. Du fühlst dich befreit von der Enge der Wohnung. Deine Stimmung steigt, je länger du fährst. Es geht dir jetzt richtig gut.

– – – –

Erinnere dich, du fährst auf deinen In-Line-Skates über die noch vom Regen feuchte, asphaltierte Straße vor dem Haus. Du bewegst dich im Rhythmus deiner Lieblingsmusik mit langen, ausholenden Bewegungen vorwärts.

Du stellst fest, daß du alleine auf der Straße bist. Das gefällt dir. Weit und breit ist nicht ein Auto zu sehen. Alle Anwohner scheinen noch vom Regen betäubt, gefesselt in ihren Zimmern zu verharren. Die große Wolke ist inzwischen der Sonne gewichen. Ein neues Stück Blau hat den Himmel erobert. Die Sonne lacht dir zu, und ihre wärmenden Strahlen beflügeln dich. Immer schneller wird deine Fahrt. Beschwingt von der Musik, gleitest du durch die leeren Straßen deines Viertels. Ein Gefühl vollkommener Harmonie erfaßt dich und trägt dich vorwärts.

Die Skates unter deinen Füßen spürst du kaum. Du fühlst den von dir erzeugten Fahrtwind in den Haaren und auf dem Gesicht. Zusammen mit den warmen Sonnenstrahlen ist er angenehm erfrischend. Mit jedem Meter wächst deine Zufriedenheit, mit jedem Meter nimmt das Gefühl unendlicher Freiheit in dir zu, und mit jedem Meter läßt du dich mehr in die Weite und Tiefe vollkommener Entspannung fallen.

Anregungen für Eltern:

- Darüber sprechen, was übermäßiger und unkontrollierter Fernsehkonsum bewirken kann.
- Überlegen, wie man seine Freizeit auch auf andere Art und Weise gestalten könnte.
- Überlegen, wie man einen Tag in der Woche, z.B. den Sonntag, mit gemeinsamen Aktivitäten gestalten könnte.

Angst und Einschlafschwierigkeiten

Im Gnomenwald

Wenn Sie feststellen, daß Ihr Kind unruhig und nervös wirkt, daß es abends nicht einschlafen kann oder daß es zwar einschläft, aber nach kurzer Zeit wieder wach im Bett liegt.

Ihr Kind ist nicht nur von körperlichen und geistigen Entwicklungsschüben betroffen, sondern es hat sich mit zunehmendem Alter, wie wir Erwachsenen, tagtäglich mit neuen Situationen und anderen Menschen auseinanderzusetzen. Im Gegensatz zu uns macht es dabei viele Erfahrungen zum ersten Mal und nicht immer sind diese ohne weiteres wegzustecken.

Mit der vorliegenden Geschichte kann Ihr Kind den Begegnungen, die es befremdet oder die Angst in ihm hervorgerufen haben, durch die Phantasie eine andere Wendung geben. Mit dem von ihm gefundenen Schlüsselwort kann es sich zudem in einer stressigen Situation an seine positiven Erfahrungen erinnern und so zu einer schnelleren Entspannung kommen.

In dritten Abschnitt der Geschichte steht außerdem ein persönlicher Wunsch, vielleicht der, das nächste Mal mit einer bestimmten Situation besser umgehen zu können oder auch die Angst vor einer bestimmten Situation zu verlieren.

Mögliche Einleitung

Heute ist erneut so ein Abend, an dem du nicht einschlafen kannst. Immer wieder schließt du die Augen und bemühst dich, an Schlafen zu denken. Doch so sehr du dich auch anstrengst, andere Gedanken schieben sich in deinen Kopf. So öffnest du ständig die Augen. Sie werden heute gar nicht müde. Mit der Zeit wirst du ärgerlich über dich selbst, denn du weißt genau, daß dir morgen dein Schlaf fehlen wird. Schon öfter hast du erlebt, wie mißmutig und gereizt du nach solchen Nächten warst. Es fiel dir sehr schwer, auf die Scherze und Neckereien deiner Freunde einzugehen.

Kuschle dich in deine Decke. Wenn du ein Stofftier hast, nimm es in den Arm, damit es wie du die Geborgenheit unter deiner Decke haben darf. Schließ die Augen und fühle, wie die wohlige Wärme des Bettes in deinen Körper übergeht. Jetzt hol tief Luft und versuche, sie weit in deinen Körper zu schicken. Danach atmest du lange aus, das heißt, du bemühst dich, ganz viel verbrauchte Luft wieder aus deinem Körper zu lassen. Das ganze wiederhole mehrere Male. Also, tief einatmen und lange ausatmen. Du wirst merken, wie du dich dabei entspannst. Dein Herzschlag wird langsamer, deine Glieder durch die Entspannung schwer und müde. Nun möchte ich mit dir eine kleine Phantasiereise machen. Überlege dir ein Schlüsselwort. Wenn du mal an einem anderen Abend nicht einschlafen kannst und dir meine Geschichte heute gefallen hat, kannst du dich dann an sie mit deinem Schlüsselwort erinnern.

Die Geschichte

Ich gehe mit dir in den Gnomenwald. Er liegt in Dänemark und ist sehr berühmt, weil in ihm schon viele bekannte Persönlichkeiten spazierengegangen sind. So zum Beispiel die dänische Königin. Du siehst, daß es ein ziemlich dunkler Wald ist, weil er sehr dicht bewachsen ist. Es gibt hier fast ausschließlich Buchen, und da sie sehr dunkle, breite Kronen haben, kommt wenig Sonnenlicht durch sie hindurch. Aber du brauchst keine Angst zu haben, ich werde dich sicher durch diesen geheimnisvollen, wegelosen Gnomenwald führen. Schau dir mal die knorrigen Stämme der Buchen genauer an. Jetzt weißt du schon, warum der Wald »Gnomenwald« heißt, nicht wahr? Erinnern sie dich nicht an Zwerge oder Gnome? Ich finde, man kann sich die unterschiedlichsten Figuren in diesen knorrigen Stämmen vorstellen. Die Dänen nennen diesen Wald übrigens Trolleskov. Du merkst, auch ihnen ist es nicht anders gegangen, wenn sie hier spazierengingen, denn wie du weißt, sind die skandinavischen Trolle so etwas wie unsere Gnome oder Wichtel. Du möchtest dich ausruhen, darum setzt du dich auf den moosigen Waldboden und lehnst dich an einen kräftigen Baumstamm. Dir gefällt der Wald, er macht dir keine Angst. Du läßt den Blick schweifen. Du schaust, schaust und schaust. Nichts hält deinen Blick fest, losgelöst schwebt er über alles, was deine Augen berühren. Da auch dein inneres Auge entspannt ist, nichts festhalten möchte, formen sich vor ihm lustige und urige Figuren. Es ist, als ob deine Phantasie vor Freude hüpft, so bunt und originell sind deine Figuren. Du fühlst dich so losgelöst wie sie und bist völlig entspannt.

– – – –

Erinnere dich, du warst mit mir im Gnomenwald. Nachdem du dich entspannt hast, setzen wir unseren Spaziergang durch den Trolleskov jetzt fort. Oh, sieh mal da, die kräftige Orchidee! Ist sie nicht hübsch? Hat sie nicht eine wunderschöne Farbe? Riech doch mal an ihr. Magst du ihren Duft? Du darfst sie nicht pflücken, denn sie steht unter Naturschutz. Sie ist eine sehr wertvolle Blume, weil es sie leider, wie auch andere ihrer Art, nur noch selten gibt. Doch laß uns weitergehen, vielleicht entdeckst du noch andere Orchideen?

Nun schau dir mal diese Buchen an! Sie sind schon sehr alt. Sieh doch die vielen Jahresringe. Die kannst du nicht mal so eben zählen, doch ich kann dir ihr Alter etwas genauer sagen. Soviel ich weiß, haben manche von ihnen schon 350 Jahresringe, doch keine soll jünger als 250 Jahre sein. Fast alle Dänen kennen diesen Wald, und oft, wenn sie ausdrücken wollen, daß etwas sehr alt ist, sagen sie »so alt wie ein Baum im Trolleskov«.

Es gibt sehr viele Sagen und Geschichten über diesen Wald – von berüchtigten Räubern, von Wilderern und Waldbewohnern, die hier ihr buntes und abenteuerliches Leben geführt haben. Man erzählt sich auch von einer Hexe. Sie soll einer Quelle, die es in der Nähe gibt, magische Kräfte verliehen haben. Aus der Tiefe dieser Wasserstelle quellen täglich etwa sieben Millionen Liter Wasser hervor, reines klares Trinkwasser. Auch soll es mal einen Wilderer mit Namen Lars Kjoer gegeben haben, dem mit neunzig Jahren noch neue Zähne in seinem zahnlosen Mund gewachsen sind.

Du lachst, weil du es dir nicht so recht vorstellen kannst, nicht wahr? Na ja, es ist eben eine Geschichte. Man kann dran glauben oder nicht, wie man will. Vielleicht aber fällt auch dir eine Geschichte ein? Komm, wir setzen uns auf den

Waldboden und lehnen uns an den Stamm einer alten Buche. Deine Beine sind müde vom vielen Laufen, dein Körper möchte sich ganz entspannen. Hörst du, wie die Blätter rauschen? Es scheint, als ob sie singen würden, während der Wind sie sanft streichelt, sie wiegt. Lasse dich hineingleiten in ihr Lied, dich tragen von der Melodie des Windes und atme ruhig und gelöst. Vielleicht nimmst du seinen Rhythmus auf? Erlaube deinem Körper, müde zu werden, wenn er es möchte.

Wenn du dich dann aber genug ausgeruht hast, komme zurück aus deiner Entspannung. Beuge und strecke Arme und Beine, atme tief ein und aus und öffne deine Augen. Du wirst dich frisch und erholt fühlen.

– – – –

Erinnere dich an den Gnomenwald in Dänemark und wie entspannt du auf deiner letzten Phantasiereise warst. Nun setzen wir unseren Spaziergang durch den Trolleskov fort. Laß uns noch den Prinzessinnenbaum anschauen, sieh dort, gleich da drüben. Er ist der berühmteste Baum in diesem Wald. Ich habe dir ja schon erzählt, daß die dänische Königin hier auch spazierengegangen ist. Königin Margarete hat als Kind, das heißt also, als sie noch eine Prinzessin war, hier mit ihren zwei Schwestern gespielt. Sie sind immer wieder durch das »Auge« dieser besonders alten und schönen Buche geklettert und haben sich dabei etwas gewünscht. Das Auge ist das große Loch in diesem knorrigen Stamm. Später, sagten die Menschen, habe der Baum die Kinder vor Rachitis geschützt. Rachitis, das ist eine Krankheit, bei der einem durch fehlende Vitamine die Zähne ausfallen. Ich denke, du brauchst bei deiner guten Ernährung keine Angst vor dieser Krankheit zu haben. Aber ich glaube, wenn du durch das Auge des Baumes kletterst und dir etwas wünschst, wird es bestimmt in Erfüllung gehen. Danach kannst du sicher prima schlafen oder noch ein bißchen in diesem prächtigen Gnomenwald auf deine Phantasiereise gehen.

Anregungen für Eltern:
- Über Naturschutz sprechen. Warum werden bestimmte Pflanzen geschützt u.ä.?
- Über das Wasser und seine Bedeutung als Nahrungsquelle sprechen. Wie ist es um unser Trinkwasser bestellt?
- Kann uns die Natur Stoffe liefern, die heilende Wirkung haben? Heilquellen, Mineralbrunnen usw.
- Über die Bedeutung der Zahnpflege und Zahnerkrankungen im allgemeinen sprechen.

Bei Familie Langohr

Wenn Ihr Kind nicht einschlafen kann, weil es mit Unbehagen an den nächsten Tag denkt, wenn es Bauchschmerzen peinigen oder Gedanken quälen, es Angst vor morgen hat.

Manchmal wundern wir uns, warum unsere Kinder nicht einschlafen können. Sie waren den Tag über ausgefüllt, haben vielleicht sogar draußen rumgetobt, sie müßten eigentlich müde sein. Doch kennen nicht auch wir Nächte, in denen wir wenig Schlaf bekommen haben, weil wir lange nicht einschlafen konnten, in denen wir unruhig und flach geschlafen haben, weil unsere Gedanken den Stunden vorauseilten? Nicht immer vertrauen sich unsere Kinder uns an, nicht immer mögen sie über ihre Ängste reden. Sie fürchten, daß man ihre Angst runterspielen könnte, oder sie schämen sich auch ihrer. Und dennoch, es sind reale Ängste, die wir alle einmal empfunden haben, wie z.B. Angst vor einer Klassenarbeit, einem Referat, einer Blamage, einer Prüfung, einer Entschuldigung, einer Strafe, dem Aufdecken eines Streiches.

Wenn Sie bemerken, daß Ihr Kind nicht einschlafen kann, weil es den nächsten Tag fürchtet, können Sie ihm mit der folgenden Geschichte helfen. Mit dem ersten Teil der Phantasiereise wird Ihr Kind leichter in den Schlaf finden, mit dem zweiten Teil sich entspannen und Ihnen dann vielleicht von seinen Ängsten erzählen.

Mögliche Einleitung

Du willst heute nicht einschlafen. Obwohl deine Bauchschmerzen dich quälen, sind sie dir recht. Sie halten dich vom Schlafen ab und verlängern die Zeit bis morgen. Am liebsten hättest du es, wenn es immer heute bliebe, oder du den kommenden Tag einfach überspringen könntest. Immer wieder fragst du dich, ob du es schaffen wirst, ob du es gut genug machen wirst. Du befürchtest, daß du dich eventuell blamieren wirst. Du hast Angst. Angst, daß die Erwachsenen von dir enttäuscht sein werden. Angst, daß dein Lehrer dich vielleicht nicht mehr mag. Werden dich deine Freunde auslachen, wenn es nicht klappt? Deine Bauchschmerzen gehen nicht weg.

Ich möchte dir mit einer kleinen Geschichte helfen.

Die Geschichte

Schließ die Augen, und versuche, nicht mehr an deinen Bauch zu denken. Denk für einen Moment nur noch an deine Beine. Stell dir vor, wie sie von der warmen Nachmittagssonne beschienen werden. Spüre die Sonnenstrahlen, wie sie langsam in deine Haut eindringen. Auch auf deinen Armen fühlst du die Kraft der Sonne. Du nimmst sie an und schickst sie in deinen ganzen Körper. Das Lächeln der Sonne erreicht nun auch deinen Bauch, und du merkst, wie deine Schmerzen mit jedem ihrer Strahlen weniger werden.

Du bist jetzt ganz entspannt und fühlst dich warm und geborgen.

Wenn es dir nun besser geht, hast du bestimmt Lust, mit mir in deinen Gedanken einen kleinen Spaziergang über die Wiesen zu machen. Vielleicht können wir einiges entdecken.

Vorsichtig, tritt nicht in den großen Kuhfladen! Sieh, dort drüben sind die Kühe alle versammelt, weil der Bauer und die Bäuerin zum Melken gekommen sind. Wir können also in aller Ruhe über diese Wiese gehen, die Kühe werden sich nicht um uns kümmern.

Schau mal dort, Löwenzahn. Ich habe diese Blume als Kind immer Pusteblume genannt, weil ich ihre Samen so gerne in den Wind gepustet habe. Wie Fallschirme sind sie dann zur Erde getanzt, ich habe fasziniert zugeschaut und mir vieles dabei vorgestellt. Vielleicht hast du Lust, einige zu pusten und dir etwas dabei zu wünschen? Nun stelle dir vor, daß du auf einem der Samen liegst. Weich gebettet schwebst du lange und sanft durch die Luft. Du fühlst dich eingehüllt, wie in warme Daunen, und du wirst schläfrig. Nichts ist mehr da, was dich bedrückt, du kannst jetzt sanft in deinen Schlaf hinübergleiten.

– – – –

Erinnere dich, du warst auf einer Wiese mit vielen Pusteblumen, und du hast dir vorgestellt, wie du sanft auf ihren Samen durch die Luft geschwebt bist. Es ging dir gut, du warst sehr entspannt.

Laß uns nun auf dieser Wiese weitergehen.

Oh, schau, da drüben sind mehrere Kaninchen. Wenn wir uns leise ranschleichen, können wir sie vielleicht beim Fressen beobachten. Wir sollten uns ihnen von der Seite nähern, dann kommen wir dichter an sie heran. Gegen den Wind können sie uns nämlich nicht so früh schnuppern. Am besten legen wir uns auf den Bauch, dann sind unsere Chancen noch größer.

Oh, sieh mal, da sind ja auch ein paar ganz kleine. Sind sie nicht niedlich? Es scheint sich um eine große Familie zu handeln. Wollen wir sie Familie Langohr nennen? Ich finde, der Name paßt gut. Ständig richten sie ihre Ohren auf, und die Nasenflügel mit den langen Härchen hüpfen auf und ab. Schau mal die Kleinen, wie verspielt sie sind! Sie jagen sich gegenseitig, als ob sie Fangen spielen.

Pst, ich glaube, sie haben uns bemerkt. Oh, wie schade, jetzt laufen sie weg! Nein, das waren nicht wir, sondern der große Vogel dort oben. Siehst du ihn, er kreist über dem Rande des kleinen Wäldchens. Scheint ein Bussard zu sein. Ich glaube, wir können wieder aufstehen. Du hast keine Lust?

Na gut, dann bleiben wir hier ein bißchen liegen und lassen uns von der Sonne bescheinen. Ich finde es schön, im Gras zu liegen. Magst du nicht auch den Duft von Gras und den feuchten würzigen Geruch der Erde? Man muß ihn ganz tief einatmen.

Vielleicht erzählst du mir eine Geschichte, während wir uns hier ausruhen, oder du berichtest mir, warum du vorhin Bauchschmerzen hattest und wovor du morgen solche Angst hast. Danach kannst du sicher entspannt und ohne Gedanken an den morgigen Tag einschlafen.

Anregungen für Eltern:
- Über Wiesenblumen sprechen und warum wir manche von ihnen in unseren Gärten nicht haben wollen.
- Über Kaninchen sprechen und ob man sich Haustiere wie z.B. Zwergkaninchen halten sollte.

Auf dem Bauernhof

Wenn Ihr Kind häufig ängstlich ist, sich vor bestimmten Situationen fürchtet, abends schlecht einschläft, weil es Angst vor dem nächsten Tag hat.

Mit der folgenden Geschichte kann Ihr Kind lernen, sich nach und nach seinen Ängsten zu stellen. Wenn es sich vor bestimmten Tieren besonders fürchtet, wie z.B. vor Hunden oder Pferden, sollten Sie für diese in der Geschichte andere Tiere einsetzen oder den jeweiligen Absatz weglassen.

Zum Thema Angst läßt sich eine Menge sagen, was Sie schon an der langen Ausführung unter »Mögliche Einleitung« erkennen können. Ich möchte Ihnen ans Herz legen, mit Ihrem Kind über Angst zu sprechen. Ob es nun vorab mit den Schwerpunkten der Einleitung geschieht oder nach der Entspannung in einem gemeinsamen Gespräch, Sie sollten mögliche Ängste Ihres Kindes wirklich ernst nehmen. Ängste müssen sich manifestieren, damit man anschließend lernen kann, mit ihnen umzugehen. Sie können Ihrem Kind helfen, seine Ängste abzulegen, so daß sie sein junges Leben nicht unnötig schwer machen.

Mögliche Einleitung

Manchmal wünschst du dir, daß ein Tag nie vorbeigeht. Entweder, weil er so schön ist, du dich lange auf ihn gefreut hast, wie zum Beispiel auf deinen Geburtstag, oder weil du ein wenig Angst vor dem nächsten hast. Es gibt Kinder, die erzählen ihre Ängste ihren Freunden oder auch Erwachsenen. Doch nicht jeder trägt sein Herz so leicht auf der Zunge, daß er sich jemandem, den er mag, anvertraut. Vielleicht gehörst du zu den Kindern, die eher still und zurückhaltend sind. Vielleicht schämst du dich auch nur, deine Furcht vor etwas zuzugeben. Es gehört sicher großer Mut dazu, über seine Ängste zu sprechen. Das können selbst die Großen schlecht. Man würde zeigen, daß man schwach ist, und wer gibt schon gerne seine Schwächen zu? Dabei würde das Stärke bedeuten! Ja, du staunst. Aber es stimmt, ein Mensch, der sich selber und anderen gegenüber seine Schwächen und Ängste eingesteht, sucht entweder dringend Hilfe oder hat eine wirklich starke Persönlichkeit. Ich will dich aber nicht zu etwas überreden, was nicht deiner Art entspricht. Nur eines kann ich dir versprechen, es gibt keinen Menschen, der völlig angstfrei ist. Alle, ob es deine Verwandten, deine Lehrer, irgendwelche Sportler, Schauspieler, Popsänger oder andere deiner Vorbilder sind, ja, alle haben vor irgend etwas Angst. Sie haben Angst, Fehler zu begehen, Angst, nicht anerkannt zu werden, Angst zu versagen, Angst vor Kritik, Angst vor Krankheiten, Angst vor Gewitter, Angst vor Fahrstühlen, Angst vor großen Höhen und so weiter.

Du kannst dir gar nicht vorstellen, wie viele verschiedene Arten von Ängsten es gibt. Ich könnte dir eine riesenlange Liste machen, doch das hilft dir nicht weiter. Vielleicht tröstet es dich aber zu wissen, daß die Großen, die Starken und die Berühmten auch alle irgendwelche Ängste in sich tragen. Nun gibt es, wie schon angedeutet, verschiedene Möglichkeiten, damit umzugehen. Nicht jeder hat ein Haustier, das ein stiller Zuhörer sein kann, oder, wie gesagt, einen guten Freund. Doch wichtig ist es immer, nicht von seinen Ängsten beherrscht zu werden, das heißt, sie dürfen dich in deinem Alltag nicht lähmen. Du sollst nicht den ganzen Tag daran denken und vor lauter Furcht keine Freude an deinen Dingen haben. Ein wenig Angst ist gut und gesund, sie schützt dich vor Gefahren, sie ist etwas, was du mit auf die Welt bekommen hast. Ein Zuviel an Angst ist schlecht und macht dich auf die Dauer traurig und krank. Natürlich darf man auch mal ein wenig mehr ängstlich sein als gewöhnlich. Nicht jeder Tag im Leben verläuft gleich. Manchmal gibt es überraschende Situationen, oder man steht vor einer Prüfung, oder jemand erwartet plötzlich Hilfe, bittet um einen Gefallen und, und, und. Man kann sich auf solche Momente nicht vorbereiten, aber man kann lernen, mit plötzlich aufsteigender Angst umzugehen. Ein gutes Mittel, ja, du ahnst es schon, ist auch hier das Autogene Training. Entspannt geht man viel leichter an eine schwierige Situation heran. Hast du also Angst vor dem morgigen Tag, kannst du schon heute etwas dagegen tun. Du wirst sagen, was nützt mir heute die Entspannung, wenn mir morgen der Schweiß auf der Stirn steht! Ich sage dir, es kann dir nützen. Du kannst dich morgen an heute erinnern und dich in einem kurzen Moment entspannter machen. Du kannst dir vielleicht sogar durch ein Schlüsselwort einen Teil deiner Angst nehmen. Auf jeden Fall wirst du dich weniger ängstigen, wenn du dich erinnerst. Mag sein, daß es nicht sofort klappt, aber wenn du es übst, verspreche ich dir, wirst du mit der Zeit lernen, mit deinen Ängsten umzugehen.

Versuche es einfach! Laß mich dich in eine Situation führen, vor der du dich vielleicht fürchtest.

Die Geschichte

Zunächst mußt du dich, so gut du kannst, entspannen. Bemühe dich, durch gleichmäßiges Ein- und Ausatmen ruhig zu werden. Dann schließt du deine Augen, doch du nimmst deine inneren, das heißt deine magischen Augen mit auf unsere Reise.

Sie sollen dir Mut und Kraft geben, jeder überraschenden Situation mit festem Blick entgegenzutreten.

Ich weiß, wie gerne du Tiere magst, und ich hoffe, es macht dir Spaß, mit mir in Gedanken einen Bauernhof zu besuchen. Also stelle dir einen Bauernhof vor, den du schon mal gesehen hast, oder schaffe dir einen in deiner Phantasie. Ich rieche es immer, wenn ich mich einem Hof nähere. Kannst du den typischen Landgeruch auch wahrnehmen? Laß uns nun zusammen auf den Hof gehen. Halt, da ist schon das erste Hindernis! Der Wachhund kommt uns laut kläffend entgegen. Du brauchst keine Angst zu haben. Er ist angekettet. Laß uns einen Moment stehenbleiben, damit er sich beruhigt. Wichtig ist, daß wir ihm keine Furcht zeigen. Wir blicken ihm fest in die Augen und sagen ihm mit ruhiger

Stimme, daß wir ihm nichts tun wollen. Siehst du, da kommt der Bauer, und der Wachhund hört auf zu bellen. Der Bauer freut sich, daß wir uns seinen Hof anschauen wollen. Er erlaubt uns, uns umzusehen, solange wir Lust haben. Laß uns in den Schweinestall gehen, ich glaube, die Schweine werden gerade gefüttert, denn ich höre ihr lautes Gequieke. Oh, schau mal, da hat eine Sau erst vor kurzer Zeit Ferkel geworfen. Sind sie nicht niedlich? Sieh nur, wie die Kleinen sich drängeln und schubsen, um an die Zitzen der Mutter zu gelangen. Die Sau läßt sich nicht aus der Ruhe bringen. Wie geduldig sie das Stoßen und Schieben der Ferkel erträgt, bis jedes ihrer Kleinen satt ist und zufrieden einschlafen kann. Komm, wir setzen uns einen Moment hin, schauen ihnen zu und erholen uns dabei.

– – – –

Erinnere dich, du warst mit mir auf einem Bauernhof. Wir haben die Sau mit ihren Ferkeln beobachtet. Die Ruhe und Geborgenheit, die sie ihren Kleinen geschenkt hat, hat sich auch auf uns übertragen. Doch laß uns nun den Schweinestall verlassen. Ich halte diesen säuerlichen Geruch des Futters nicht länger aus, komm, laß uns in die anderen Ställe gucken. Möchtest du einmal eine Kuh melken? Du traust dich nicht? Es ist nicht schwer. Du darfst nur niemals von hinten an sie herantreten, sonst bekommst du einen Tritt. Das gilt übrigens für alle Tiere. Nähere dich immer von vorne und blicke ihnen fest in die Augen. Du mußt ihnen zeigen, daß du der Stärkere bist. So, hier das pralle Euter. Beobachte, wie ich es mache: immer fest nach unten streichen, dann klappt es. Versuche es einmal. Der Kuh macht es nichts aus, wenn du kräftig zupackst. Was hab' ich dir gesagt, es ist gar nicht schwer.

Du möchtest zu den Pferden? Das kann ich gut verstehen. Ich glaube, sie sind auf der Weide, da muß ich erst den Bauern fragen. Geh schon mal vor. Vielleicht setzt du dich eine Weile auf die Wiese und ruhst dich aus, bis ich komme.

– – – –

Erinnere dich, du hast mit mir einen Bauernhof besucht und auf einer Wiese vor der Pferdeweide auf mich gewartet. Dabei hast du dich entspannt.

Jetzt bin ich wieder bei dir. Der Bauer hat gesagt, daß wir die Pferde füttern dürfen, wenn wir möchten. Du fürchtest dich? Das macht nichts, ich werde es dir zeigen. Oh, sieh nur, die braune Stute. Was für ein prächtiges Tier! Sie scheint schon etwas älter und sehr gutmütig zu sein. Da brauchst du gar keine Angst zu haben. Schau ihr in die Augen und zeige ihr, wie gern du sie hast. Du kannst ihr auch etwas Nettes sagen. Da, nimm etwas von dem Futter, und lege es auf die flache Hand. Nicht zurückziehen, auch wenn es kitzelt. Prima machst du das!

Der Bauer hat mir erzählt, daß die Stute Kinder gewöhnt ist. Wenn du sie magst, darfst du öfter herkommen und sie füttern. Und wenn ihr euch aneinander gewöhnt habt, erlaubt er dir, sie zu reiten. Ich denke, das ist ein tolles Angebot, den Umgang mit Tieren zu lernen. Denn nur, wenn du dich immer wieder mit ihnen beschäftigst, sie richtig kennenlernst, wirst du auch fremden Tieren in anderen Situationen ohne Angst entgegentreten. Du wirst lernen, wann und bei wem du vorsichtig sein mußt und bei wem du keine Furcht zu haben brauchst. Es ist wie im täglichen Leben. Nur wenn du dich deinen Ängsten stellst, wirst du mit ihnen umgehen können. Wenn du sie durchlebst, werden sie nicht zu unüberwindbaren Hindernissen. Durch sie erst wirst du stark und mutig, und mit jeder überstandenen Situation wirst du ein wenig wachsen und selbstbewußter werden.

So, ich hoffe, ich habe dir etwas geholfen. Verweile noch ein bißchen in deinen Phantasien, und dann kehre in deinen Alltag zurück. Morgen wirst du dich deiner Angst stellen, weil du weißt, daß sie dich ein Stückchen weiterbringen wird.

Anregungen für Eltern:
- Von den eigenen Ängsten und davon, wie man mit ihnen umgeht, erzählen.
- Über die Ängste des Kindes sprechen und gemeinsam nach Möglichkeiten suchen, mit ihnen umgehen zu lernen.
- Darüber sprechen, inwieweit das AT besonders bei Ängsten hilfreich sein kann.

Wunsch nach Anerkennung und Verständnis

Auf der Bühne

Wenn Ihr Kind wenig Selbstbewußtsein ausstrahlt, sehr oft auf Anerkennung bedacht ist, sich häufig mit anderen vergleicht.

Wenn Sie zwei oder mehr Kinder haben, werden Sie wissen, wie verschieden Kinder sein können. Während das eine Kind vielleicht vor Selbstbewußtsein »strotzt«, ihm scheinbar alles zufällt, mangelt es dem anderen Kind an Selbstbewußtsein, und es tut sich immer wieder schwer. Selbst wenn Sie es für seine Fortschritte genauso loben, selbst wenn Sie Ihre Kinder nicht vergleichen, sondern nur die jeweiligen besonderen Fähigkeiten jedes einzelnen Kindes hervorheben, scheint nichts das Selbstwertgefühl des wenig selbstbewußten Kindes zu stärken. Es selbst stellt nämlich ständig Vergleiche an und mißt sich an seinen Geschwistern. Es fühlt sich minderwertig. Setzen Sie dennoch Ihre Bemühungen fort. Wenn das Kind ein schlechter Schüler ist, zeigen Sie Verständnis, machen Sie ihm klar, daß nicht jedes Kind gut in der Schule sein kann. Heben Sie seine anderen Qualitäten hervor, denn jeder Mensch verfügt über liebenswerte Eigenschaften und über Begabungen, die manchmal noch unter der Oberfläche schlummern. Sie können ihm mit dem Autogenen Training helfen, sein Selbstbewußtsein zu stärken und damit seine Phantasie und Kreativität wecken, seine Talente oder besonderen Eigenschaften aufdecken. Die folgende Geschichte kann Ihnen als eine von mehreren dabei helfen. Wenn Sie Ihrem Kind nicht gefällt, wählen Sie eine andere aus diesem Kapitel.

Mögliche Einleitung

Immer ist es dein großer Bruder, der von den anderen gelobt wird, nicht wahr? So sehr du dich auch anstrengst, er bringt die besseren Noten mit nach Hause. Nur selten gelingt es dir, dein Taschengeld durch eine Eins in einer Arbeit aufzubessern. Schule ist eben nicht deine Stärke.

Was dir allerdings in letzter Zeit immer mehr zu schaffen macht, ist die Tatsache, daß dein Bruder nun auch im Hobbybereich erfolgreich ist. Früher hast du hier die Anerkennung von uns Erwachsenen erhalten. So konntest du mit deinen weniger guten Schulerfolgen leben, stimmt`s? Doch das Blatt scheint sich zu wenden, und nun fühlst du dich mutlos und traurig. Kannst dir noch soviel Mühe geben, stets ist er ein Stück besser. Wie soll es dir denn dabei gutgehen! Wie gern hättest du wenigstens die Hälfte seines Selbstvertrauens. Sicher, du weißt, daß wir dich lieben, aber du bist enttäuscht von dir, weil du meinst, uns nicht so viel Freude zu bereiten. Ich verstehe deine Gefühle und sage dir, daß das Autogene Training dein Selbstbewußtsein stärken kann. Ein Mensch, der mit sich zufrieden ist, braucht sich nicht am anderen zu messen. Er erkennt den anderen an, ohne dabei zu leiden. Wäre es nicht schön, wenn du das auch könntest? Glaube mir bitte, daß Menschen, die Zufriedenheit ausstrahlen, beliebt sind. Sie werden anerkannt, auch ohne Leistungen zu bringen, denn niemand braucht ihnen in irgendwelchen Dingen nachzueifern oder auf irgendwelche Erfolge neidisch zu sein.

Das Autogene Training kann dir den Druck nehmen, ständig irgendwelche Ziele erreichen zu wollen, um Anerkennung zu erlangen. Und wenn du nicht mehr unter diesem Zwang stehst, stellen sich die Erfolge von selber ein. Plötzlich bieten sich dir Chancen, die du ergreifen wirst, weil du es dir zutraust.

Aus deiner Zufriedenheit heraus wächst dein Selbstbewußtsein, dein Mut und deine Kraft.

Die Geschichte

Heute ist dein großer Tag. Du wirst deinen ersten Auftritt auf der Bühne haben. Seit einem halben Jahr hast du mit der Theatergruppe deiner Schule ein Stück eingeübt. Es hat dir viel Spaß gemacht, mit den anderen zu spielen, deine Rolle zu lernen und dir ein Kostüm zusammenzustellen. Jetzt kannst du es kaum erwarten, daß die Aufführung endlich beginnt. Deine Familie ist gekommen, und eine Menge deiner Klassenkameraden wollen ebenfalls zusehen. In wenigen Minuten soll es losgehen. Aus dem Zuschauerraum hörst du erwartungsvolles Geraune. Vorsichtig schiebst du ein Stück des Vorhangs beiseite, um zu schauen, wo deine Angehörigen sitzen. Als sie dich entdecken, winkst du ihnen zu. Dann siehst du, daß die anderen dich auch entdeckt haben, und ziehst dich schnell wieder hinter den Vorhang zurück. Du freust dich, daß deine Familie da ist, und versuchst, dich zu konzentrieren. Ganz ruhig und mit fester Stimme sprichst du dir die schwierigsten Stellen aus deiner Rolle in Gedanken vor. Es klappt prima, und du bist sehr zufrieden mit dir. Du bist vollkommen entspannt und gelöst.

Erinnere dich, du hast heute deinen großen Tag. Das erste Mal darfst du vor Publikum auf der Bühne spielen. Du hast dich gut entspannt, gleich soll es losgehen. Deine Lehrerin ruft nun alle Kinder noch einmal zusammen, um die letzten Anweisungen zu geben. Ein bißchen Aufregung erfaßt dich jetzt dennoch, obwohl die Freude, deine Rolle endlich spielen zu dürfen, größer ist.

Dann ist es schließlich soweit. Langsam öffnet sich der große smaragdgrüne Samtvorhang. Die Zuschauer begrüßen euch alle mit einem ermunternden Klatschen. Die Musik beginnt zu spielen, und du betrittst mit klopfendem Herzen die Bühne. Es wird mucksmäuschenstill. Für einen Moment scheint es dir, als ob deine Stimme wegbleiben will, doch dann sprichst du deinen Text laut und deutlich. Als du die Freude in den Gesichtern der Erwachsenen siehst, kommt es dir vor, als hättest du schon öfter auf der Bühne gestanden.

Du vergißt die Zweifel an dir, und alle Unsicherheit der letzten Zeit ist verschwunden. Du merkst, wie dein Selbstbewußtsein von Minute zu Minute wächst.

Halte es fest, wenn ich jetzt aufhöre zu erzählen. Spiele das Theaterstück und deine Rolle in Gedanken durch, und kehre dann mit deiner schönen Erfahrung in den Alltag zurück.

Anregungen für Eltern:
- Über das Theaterspielen, das Hineinschlüpfen in andere Rollen, das Verkleiden u.s.w. sprechen.
- Über das Lampenfieber kleiner und großer Leute sprechen und darüber, was man dagegen tun kann.

Im Ballon

Wenn Ihr Kind meint, daß man es nicht ernst nimmt, sich nicht von Ihnen verstanden fühlt und darüber enttäuscht und traurig erscheint.

Auf der einen Seite ist uns oft die Gedankenwelt unserer Kinder fremd, und wir haben große Schwierigkeiten, für ihre Vorstellungen und Ideen Verständnis zu zeigen. Auf der anderen Seite geben wir gerne manche Erfahrung an unsere Kinder weiter und stoßen dabei auf ihr Unverständnis. So sprechen Eltern und Kinder während verschiedener Entwicklungsphasen häufig eine dem anderen fremde Sprache, und dabei bleiben manchmal die Gefühle auf der Strecke. Sie wissen, wie wichtig die Loslösung Ihres Kindes von Ihnen für seine Persönlichkeitsentwicklung ist. Ihr Kind soll sich eine eigene Meinung bilden, persönliche Werte entwickeln und sich ein eigenes Weltbild schaffen. Sie möchten es darin unterstützen. Damit Sie nicht an der unterschiedlichen Sprache scheitern, möchte ich Ihnen die folgende Geschichte vorstellen. Mit ihr können Sie Ihrem Kind wieder Räume öffnen und ihm einen Zugang zu sich selber verschaffen.

Mögliche Einleitung

Mal wieder fühlst du dich vollkommen mißverstanden. Du bist traurig, aber auch ein bißchen wütend. Da sagen wir immer, man soll alles erzählen, und machst du es, hören wir entweder gar nicht richtig zu oder geben uns nicht die geringste Mühe, uns in eine andere Gedankenwelt zu versetzen. Wir Erwachsenen, die wir uns ständig damit brüsten, für alles einen Rat zu haben, sagen dann noch, das haben wir als Kinder auch durchgemacht, das ist nur halb so schlimm. Am liebsten würdest du abhauen. Vielleicht würden wir dich dann ernster nehmen und endlich mit unseren dummen Sprüchen aufhören. Habe ich recht? Für dich ist jedes deiner Probleme wichtig, und oft ist ihre Bewältigung ein schweres Stück Arbeit. Doch im Gegensatz zu uns Erwachsenen hilft dir deine große Lebensfreude und Unbeschwertheit. Viel schneller als wir Großen kannst du Probleme mit deinen Fähigkeiten bewältigen. Auch deine unbegrenzte Phantasie schafft dir weite Räume, in denen sich Lösungen verbergen. Je mehr du jedoch in die Erwachsenenwelt vordringst, um so mehr verschließen sich die Türen zu diesen Räumen.

Mit dem Autogenen Training bekommst du jedoch die Schlüssel in die Hand, diese Türen erneut zu öffnen, hinter denen es die Räume deiner Phantasie immer noch gibt. Du kannst sie betreten und dir aus ihnen Schutz und Energie für deinen Alltag holen. Wenn du dich – wie jetzt – mißverstanden fühlst oder man dich nicht ernst nimmt, solltest du versuchen, dir damit selber zu helfen. Manchmal tut es gut, einen kleinen Abstand zu den Dingen zu bekommen.

Laß mich mit dir einen Versuch machen, der dir diesen Abstand ermöglicht.

Die Geschichte

Schließe deine Augen, denn ich möchte dir die Räume deiner Phantasie öffnen. Du wirst ganz müde. Deine Arme und Beine fühlen sich schwer an. Sie haben keine Kraft mehr, etwas mit dir zu unternehmen. Auch deine Gehirnzellen im Kopf möchten nichts Neues mit dir entdecken. Dein ganzer Körper möchte sich ausruhen. Du fühlst dich warm und geborgen und merkst, wie nach der Schwere, die du gerade empfunden hast, jetzt plötzlich alles in dir ganz leicht wird.

Du siehst dich auf einer großen Wiese stehen. In einiger Entfernung entdeckst du einen knallroten Ballon, der langsam vom Himmel zur Erde sinkt. Du verfolgst ihn mit deinen Augen, bis er auf der Wiese aufsetzt. Dann läufst du hin und steigst ein, gerade noch rechtzeitig, bevor er wieder aufsteigt. Langsam entfernt sich der Ballon mit dir von der Erde. Immer höher geht es, und bald ist die Wiese, auf der du gestanden hast, nur noch eine kleine grüne Fläche.

Nachdem der Ballon eine gewisse Höhe erreicht hat, steigt er nicht mehr weiter. Jetzt bewegt er sich, vom leichten Westwind angetrieben, auf die Stadt zu. Das sanfte Dahinschweben des Ballons überträgt sich auf dich. Auch dein Blick bleibt in Bewegung. Du schaust und schaust. Nichts hält deinen Blick fest, losgelöst schwebt er wie du über allen Dingen. Du fühlst dich leicht und lebendig. Um dich herum ist es absolut still. Ein unendlich weiter Raum liegt vor dir. Du beginnst zu träumen.

– – – –

Erinnere dich, du schwebst in einem roten Ballon, und ein unendlich weiter Raum liegt vor dir. Du hast ein wenig geträumt, weil du ganz entspannt warst. Jetzt erwacht deine Neugier wieder.

Du schaust nach unten, denn inzwischen seid ihr über der Stadt.

Alle Dinge, die du erblickst, sind klein. Die Menschen haben die Größe von Figuren in einer Puppenstube, wenn sie nicht noch kleiner sind. Du entdeckst deine Schule. Wie eine Streichholzschachtel, die der Wind leicht wegpusten könnte, scheint sie dir. Alles, was du siehst, hat an Größe verloren. In der Welt, in der du jetzt schwebst, bist du neben dem Ballon das Größte, was du entdecken kannst. Das gefällt dir und tut deinem Selbstbewußtsein gut. Nichts ist mehr da, was dich bedrückt.

Du fühlst dich vollkommen frei, und eine neue Kraft steigt in dir hoch. Immer wieder schaust du und hast das Gefühl, als ob dir plötzlich alles viel klarer wird. Du beginnst zu verstehen und wirst ruhig und zuversichtlich.

Vielleicht solltest du nun einen Raum deiner Phantasie öffnen, indem du ein unter dir liegendes Haus in deinen Gedanken betrittst. Du könntest vieles entdecken, und wenn es dir zuviel wird, schwebst du einfach ein Stückchen weiter.

Wenn du es jedoch nicht möchtest, laß dich noch ein wenig von der Leichtigkeit tragen, bevor du in deinen Alltag zurückkehrst.

Anregungen für Eltern:
- Über Größenverhältnisse und die verschiedenen Perspektiven des jeweiligen Standortes sprechen.
- Darüber sprechen, warum es uns oft so schwerfällt, den anderen zu verstehen.
- Über Veränderung und inneres Wachstum sprechen und was es bedeutet, erwachsen zu werden.
- Gemeinsam überlegen, was gute Gedanken in einem selbst alles bewirken können.

Auf dem Fußballfeld

*Wenn Ihr Kind sich blamiert fühlt, vielleicht von anderen aus-
gelacht worden ist und sich deshalb schämt, wenn es sich für
einen Versager hält und sich am liebsten drücken würde.*

Die Erfahrungen, die Kinder in der Schule machen, sind für
sie oft nicht leicht zu verkraften. Zum einen möchten sie
vielleicht unsere Erwartungen hinsichtlich guter Zensuren
erfüllen, zum anderen möchten sie vor ihren Klassenkameraden auch nicht als Streber gelten. Gerade den Kindern, denen das Lernen nicht leichtfällt und die sich sehr bemühen,
um gute Leistungen zu schaffen, wird es oft von Klassenkameraden besonders schwergemacht. Im Gegensatz zu den
Kindern, denen die Noten egal sind, werden diejenigen, die
sich anstrengen, von den anderen häufig ausgelacht oder
verspottet. Wenn wir ein solches Kind haben, sollten wir
nicht nur unsere Leistungsansprüche zurückschrauben,
sondern es vor allem in seinen besonderen Fähigkeiten stärken und ihm für diese einen entsprechenden Raum geben
(z. B. durch einen Sportverein, wenn es sportlich ist u.ä.). So
stärken wir sein Selbstwertgefühl, es kann dann Mißerfolge,
Kritik und Unverständnis von anderen leichter verkraften.
Denn wir sollten uns darüber im klaren sein, daß es nicht
nur unsere Anerkennung, sondern vor allem auch die seiner
Klassenkameraden und Freunde braucht. Mit der folgenden
Geschichte können wir ihm zusätzlich helfen, seine Fähigkeiten wieder neu zu entdecken.

Mögliche Einleitung

Nun ja, sie haben dich ausgelacht! Selbst dein bester Freund hat sich vor Lachen gebogen. Aber sag mal, war es nicht vielleicht wirklich ein wenig blöd, was du von dir gegeben hast? Mal ehrlich, hättest du nicht selber gelacht, wenn es einem deiner Mitschüler rausgerutscht wäre? Trotzdem kann ich mir vorstellen, wie es dir ging. Als du vor der Klasse standest, wärst du doch am liebsten in den Erdboden versunken, oder? Vielleicht hast du dir sogar gewünscht, auf der Stelle tot umzufallen. Mir ist es einmal so ergangen. Ich erinnere mich, wie ich fast in Trance an meinen Tisch zurückgewankt bin. Hinter dem Schleier vor meinen Augen konnte ich meine Mitschüler kaum noch wahrnehmen. Ich habe meine ganze Kraft darauf verwandt, nicht loszuheulen, habe mich auf meinen Stuhl fallenlassen und den Kopf zwischen den Armen vergraben. Hinter mir haben die anderen getuschelt und gelacht. Es war ein schreckliches Erlebnis für mich, und auch deshalb kann ich mich heute noch so gut daran erinnern. Ich habe nur noch auf das Ende der Stunde gewartet, und als der Gong ertönte, war ich der erste, der draußen war. Hast du ähnliches erlebt? Magst du darüber reden? Oder möchtest du es mir zu einem späteren Zeitpunkt erzählen und jetzt lieber eine Geschichte hören, die dich vielleicht ein wenig wieder aufbaut?

Die Geschichte

Schließe deine Augen, und atme tief ein. Vielleicht schlägt dein Herz noch ein wenig unruhig, weil du ein bißchen aufgebracht bist. Zwinge es nicht, langsamer zu werden. Über deine Atmung kannst du es ein wenig beruhigen, zumindest soviel, daß du dich in meine Geschichte fallenlassen kannst.

Es ist nicht schlimm, wenn du noch etwas aufgebracht und erhitzt bist. Stelle dir vor, du wärst auf einem Fußballfeld. In deinen Gedanken rennst du jetzt los. Vor dir erblickst du das gegnerische Tor, hinter dir spürst du die anderen Spieler. Sie hetzen dich über das gesamte Spielfeld. Du rennst so schnell du kannst, denn du fühlst dich verfolgt. Erst nach einigen Metern merkst du, daß du den Ball führst. Ein Abwehrspieler stellt sich dir entgegen. Mit einer Körpertäuschung umspielst du ihn.

Du hörst deinen Namen und siehst auf dem anderen Flügel deinen Freund laufen. Der kriegt den Ball nicht von mir, denkst du und stürmst weiter, indem du einen Abwehrspieler gekonnt umdribbelst. Nur noch wenige Meter sind es bis zum Tor. Du spürst, wie dir langsam der Atem ausgeht, und deshalb legst du jetzt deine ganze Kraft in einen knallharten Torschuß. Du hörst die Torschreie deiner Mitspieler. Sie kommen angerannt und werfen sich auf dich. Sie scheinen dich vor Begeisterung zu erdrücken. Mit großer Mühe windest du dich unter ihnen heraus und hörst den Schlußpfiff!

Du hast das entscheidende Tor geschossen. Etwas erschöpft bleibst du erstmal auf dem Rasen liegen. Du jubelst innerlich vor Freude. Jetzt geht es dir richtig gut.

– – – –

Erinnere dich, du bist auf dem Fußballfeld und hast gerade deiner Mannschaft zum Sieg verholfen. Es geht dir wieder viel besser. Jetzt nimmt dich dein Freund in den Arm und gratuliert dir zum geschossenen Tor. Du fragst ihn, ob er noch Lust hat, etwas mit dir zu trainieren, denn du hast nachgedacht. Plötzlich ist dir klargeworden, wie du deine Klassenkameraden beeindrucken kannst. Morgen habt ihr das entscheidende Spiel für die Ausscheidung »Jugend trainiert für Olympia«, und wenn ihr gewinnt, kann die Mannschaft an den Spielen in Berlin teilnehmen. Du merkst, wie der Gedanke deinen Körper zum Prickeln bringt.

Sie sind auf dich angewiesen! Wenn du nicht mitspielst, werden sie verlieren, denn schließlich hast du bisher die meisten Tore geschossen, und wenn du heute noch ein bißchen trainierst ...

Ein zufriedenes Lächeln zieht über dein Gesicht. Du wirst es ihnen zeigen! Morgen werden sie dich nicht mehr auslachen. Du wirst die Tore schießen. Sie werden dich umarmen und beglückwünschen. Es wird ihnen bestimmt leid tun, wie sie dich heute behandelt haben, doch du wirst ihnen großzügig verzeihen!

Deine Anspannung hat nachgelassen. Du beschließt jetzt, dich in einen tiefen, traumlosen Schlaf fallen zu lassen, um für den morgigen Tag topfit zu sein. Zufrieden streckst du deine Beine aus und versuchst, tief einzuatmen und lange auszuatmen.

Du hast die positiven Kräfte des Autogenen Trainings bereits einige Male vor deinen Fußballspielen kennengelernt und schon einige Techniken erlernt. Die wendest du jetzt im Halbschlaf an.

Du konzentrierst dich auf deine Beine, die immer müder und schwerer werden. Dein Körper fühlt sich wohlig warm an, dein Herz schlägt langsam und ruhig.

Deine Zuversicht ist zurückgekehrt, du wirst immer zufriedener und läßt dich in einen tiefen erholsamen Schlaf gleiten.

Anregungen für Eltern:
- Über den Sinn von Gemeinschaftsspielen, Wettkämpfen u.ä. sprechen.
- Darüber sprechen, wie man Anerkennung in der Gruppe findet.
- Darüber sprechen, inwieweit man sich anpassen sollte, und wie man auf der anderen Seite dennoch seine Ziele im Auge behalten und einen Teil seiner Wesensart verwirklichen kann.
- Über das Aburteilen von Mitschülern in verschiedene Kategorien wie Streber, Schleimer u.ä. sprechen.

Die Mitternachtsparty

Wenn Ihr Kind sich für größer und erwachsener hält, als Sie meinen, es mehr Rechte für sich einfordert, sich von Ihnen wie ein kleines Kind behandelt fühlt.

Ganz sicher ist es schwierig, unsere Kinder immer ihrem Alter und ihrer Entwicklung gemäß zu behandeln.

Welche Pflichten können wir ihnen wann auferlegen, welche Rechte stehen ihnen in welchem Alter zu? Unsere Kinder entwickeln sich körperlich heute dermaßen schnell, daß viele Eltern verunsichert sind. Durch den Einfluß des Fernsehens und der Medien im allgemeinen meinen sie, genaueste Vorstellungen zu haben von dem, was ihnen zusteht, und von dem, was sie schon dürfen. Und natürlich wenden sie auch heute noch den Trick an, den wir bereits für uns nutzten. Unter dem Motto: »Aber meine Freunde dürfen das schon!« versuchen sie, uns, wie sie es nennen, »weichzuklopfen«. In der folgenden Geschichte geht um das leidige Thema der richtigen Schlafenszeit.

Mögliche Einleitung

Du bist wütend, daß wir dich schon ins Bett geschickt haben. Wieder hast du das Gefühl, daß dir die Erwachsenen zu lange Freude nicht gönnen. Heute war nämlich erneut so ein Abend, an dem mächtig die Post abging. Und als die Stimmung auf den Höhepunkt zusteuerte, hieß es wie üblich: Es wird Zeit für dich! Verdammt, irgendwie fühlst du dich ungerecht behandelt. Ich glaube, du bist voller Trotz und weigerst dich, müde zu werden.

Du spürst deine Müdigkeit, doch du kämpfst gegen sie an. Das macht dich ganz kribbelig. Je länger du deinem Körper die Ruhe verweigerst, desto schwieriger wird dann das spätere Einschlafen. Vielleicht kann ich dir helfen, daß du dich entspannst. Dann kannst du später, wenn du bereit bist, ohne Probleme einschlafen.

Die Geschichte

Schließ deine Augen, atme langsam und gleichmäßig ein und wieder aus. Versuche, nur an deinen Körper zu denken. Konzentriere dich zunächst nur auf deine Beine. Fühle, wie sie schwer und warm werden. Auch deine Arme fühlen sich müde an. Dein Körper sehnt sich nach Ruhe, doch im Moment bist du nur bereit, dich zu entspannen, aber noch nicht einzuschlafen. Das macht nichts, denn ein langsames Hinübergleiten in den Schlaf ist viel erholsamer als ein K.o., was du sicher auch kennst.

Geh jetzt in deinen Gedanken zurück zum Fest deiner Eltern.

Öffne die hintere Tür eures Wohnzimmers und tritt auf die festlich geschmückte Terrasse. Laß deinen Blick schweifen. Über die hellen Lampions, die sich leicht im Wind bewegen, und über die bunten, gewundenen Girlanden und Lichterketten. Du hörst eine leise Musik aus der Stereoanlage und schaust auf die Tanzfläche. Doch sie ist leer. Keine tanzenden Füße bewegen sich mehr auf ihr. Nur die auf langen Stangen befestigten Windlichter werfen kleine, sich ständig verändernde Schatten auf die Tanzfläche. Sie sehen im Abendwind besonders toll aus. Du schaust dich weiter um. Keiner der vielen Gäste von vorhin ist zu entdecken. Weder auf den Terrassenstühlen noch auf den Campingstühlen oder den ausgeliehenen Holzbänken kannst du jemanden entdecken. Wo sind die vielen Freunde und Bekannten geblieben, von denen noch vor Stunden so viele da waren, daß die angebotenen Sitzplätze nicht ausreichten? Alle ausgeflogen? Du schaust auf die Uhr. Erst Mitternacht? Na ja, die Party fing schon am Nachmittag an. Noch immer spendet die Glut der ausgedienten Holzkohle im Grill eine wohlige Wärme. Dich fröstelt ein wenig, und du ziehst den kurzen Reißverschluß deines Sweatshirts bis an den Hals zu. Einige übriggebliebene Chips wandern in deinen Mund, während du dich langsam in Richtung Tanzfläche bewegst.

Aus der Stereoanlage ertönt nun ein ruhiger Song deiner Lieblingsgruppe. Langsam beginnst du, dich nach der Musik zu bewegen. Dein Schatten wirft nun die verschiedensten Figuren auf die Tanzfläche. Du beginnst, diese imaginären Figuren zu gestalten, indem du mal den linken, mal den rechten Arm ausstreckst. Du beugst ihn, winkelst ihn an den

Körper, schüttelst ihn und erzeugst dadurch viele witzige tanzende Schatten. Es macht dir großen Spaß, und du fühlst dich ausgeglichen.

– – – –

Erinnere dich, du bist zur Party deiner Eltern zurückgekehrt, obwohl du längst schlafen solltest. Sie ist zu Ende, doch du hörst Musik und bewegst dich danach. Du singst leise mit. Die Musik wird ein wenig schneller. Mit geschlossenen Augen nimmst du den neuen Rhythmus an. Dein Körper beginnt, sich dem beschleunigten Tempo anzupassen.

Während du immer wilder tanzt, fühlst du neben dir einige deiner Freunde. Jemand scheint die Musik lauter gedreht zu haben.

Du spürst, wie der Boden unter dir im Rhythmus der Bässe zu schwingen beginnt. Es ist wie auf deiner letzten Fete. Du hörst dich und einige deiner Klassenkameraden laut mitsingen, bis euch die Luft durch das immer schneller und wilder werdende Tanzen langsam ausgeht. Du spürst, wie dir wärmer wird und wie du den Reißverschluß deines Sweatshirts öffnest. Doch die Wärme und deine Kondition fordern ihren Zoll. Nur noch in jedem zweiten Takt tanzt du richtig mit. Aber der Rhythmus bleibt in dir, in ihm wiegst du dich, dein Körper nimmt weiter die Schwingungen auf, du genießt den Sound mit jeder Ader, jedem Nervenstrang. Langsam werden deine Beine schwerer. Auch deine Arme, die deinen ekstatischen Tanz mitgemacht haben, verlieren ihre Kraft.

Deine Glieder werden nach und nach schwer wie Blei, und dein Körper sehnt sich nach Ruhe und Entspannung. Deine Bewegungen werden langsamer, während dich immer mehr eine wohlige Müdigkeit überkommt. Gib diesem

Gefühl nach, und kämpfe nicht dagegen an. Lasse dich, während die leiser werdende Musik langsam verklingt, in einen tiefen, neue Kräfte schenkenden Schlaf fallen.

Anregungen für Eltern:
- Über Rechte und Pflichten sprechen, überlegen, warum es Einschränkungen für bestimmte Altersstufen gibt.
- Die angeblichen Rechte der Freunde kritisch betrachten.
- Über ausgelassenes Feiern im Zusammenhang mit Drogen, Alkohol, lauter Musik u.ä. sprechen.

In der Sackgasse

Wenn Ihr Kind an sich zweifelt, sich nur schwer selbst verzeihen kann, es voller Scham ist und sich für einen schlechten Menschen hält.

Wir wissen, daß das Überschreiten von Grenzen bisweilen wichtig für die Persönlichkeitsentwicklung unseres Kindes ist. Sicher schimpfen wir, wenn es »Bockmist« verzapft hat, stellen es zur Rede, bestätigen und bekräftigen ein weiteres Mal seine Grenzen, bestrafen vielleicht, doch verzeihen ihm grundsätzlich, denn wir rügen sein Verhalten und nicht seine Person. Manchen Kindern jedoch fällt es schwer, sich selber zu verzeihen. Sie haben einen hohen Anspruch an sich selbst, vor allem dann, wenn ihm die eigenen Eltern makellos und fehlerfrei erscheinen (was wir vermeiden soll-

ten, indem wir unsere Fehler und Schwächen offen einge-
stehen). Sollte es auch Ihrem Kind manchmal schwerfallen,
sich selber seine Fehler zu verzeihen, können Sie ihm mit
der folgenden Geschichte helfen.

Mögliche Einleitung

Wir hatten dir gute Nacht gesagt und dir versichert, daß wieder alles okay ist. Doch irgendwie geht es dir immer noch
nicht richtig gut. Du fragst dich, ob wir dir wirklich nicht
mehr böse sind. Die Stunden des Tages laufen vor deinen
Augen ab. Wie alles gekommen ist, der Moment, als du
merktest, daß das, was du gemacht hast, nicht richtig war,
bis zu dem Augenblick, als du es gebeichtet hast. Du kannst
dir selber schwerer verzeihen als wir dir. Du bist sehr traurig. Du bist enttäuscht von dir und fragst dich, ob du ein
schlechter Mensch bist.

Bei deinen Grübeleien kannst du nicht einschlafen. Ich
weiß, zu gerne würdest du den Tag noch einmal beginnen
dürfen. Deshalb läßt du es jetzt nicht zu, daß er zu Ende
geht. Vielleicht kann ich dir mit einer kleinen Geschichte
helfen. Folge dem zwölfjährigen Fabian, und versuche, dich
in seine Gedankenwelt zu versetzen. Eventuell kannst du dir
am Ende meiner Erzählung leichter verzeihen, oder du
fühlst dich einfach nur ein wenig besser.

Die Geschichte

Zunächst mußt du dich entspannen, denn nur so wirst du in
Fabians Welt gelangen. Schiebe deinen Kummer für einige
Zeit aus deinem Herzen. Versuche, dir eine Situation vorzu-

110

stellen, in der du dich einmal sehr geborgen gefühlt hast, mit einer Person, die zu dir besonders nett und zärtlich war. Erinnere dich, was du dabei empfunden hast. Spüre, wie diese Gefühle langsam einen immer größeren Raum in deinem Körper einnehmen, wie sich dein Körper entspannt, die Atmung ruhiger wird, dein Herz langsam und gleichmäßig schlägt. Es geht dir jetzt viel besser, dir ist wohlig warm, und du fühlst dich glücklich.

Nun möchte ich dir von Fabian erzählen.

Der etwas schmächtige Zwölfjährige war eigentlich immer bei seinen Freunden beliebt gewesen. Obwohl er nicht gerade ein Draufgänger war, begeisterte er die anderen mit seinen ausgefallenen Ideen. Doch in den letzten Monaten hatte sich im Verhältnis der Jungen zu Fabian einiges verändert. Immer weniger wurde er beachtet, denn Fabian hielt sich bei den ständigen Rauereien und dem Kräftemessen der anderen aufgrund seiner Größe zurück. Auch kam er weniger bei den Freunden mit seinen Ideen an, so zum Beispiel beim Fuß- oder Basketballspiel. Er stand am Spielfeldrand und feuerte seine Freunde an, weil er sie alle sehr gern hatte. Dabei gab er Tips. Aber da er selber nicht mitspielte, nahmen die Jungen ihn nicht ernst. Fabian wurde traurig. Die Angst vor den starken Körpern seiner Freunde war so groß, daß er sich nicht überwinden konnte mitzumachen.

Lediglich wenn die Elf- bis Zwölfjährigen Streifzüge durch die Gegend unternahmen, konnte Fabian durch seine Einfälle Pluspunkte verbuchen. Er kämpfte um ihre Anerkennung. Während es bei den körperlichen Wettkämpfen um die Stärke des einzelnen ging, wurden die Streifzüge immer mehr zu Mutproben.

Es kam, wie es kommen mußte. Es blieb nicht bei den anfänglichen Kinderstreichen. Fabian spürte, daß die Dinge, die sie taten, nicht ganz in Ordnung waren. Aber er hatte nicht den Mut, sich dagegen zu wehren. Zu groß war die Angst, daß ihn seine Freunde verstoßen würden. Er wollte kein Feigling sein. Er spielte mit, und da zunächst nichts schiefging, verdrängte er sein schlechtes Gewissen. Am Anfang klauten sie Kaugummis, kleine Süßigkeiten und Fußballsammelbilder. Fabian konnte es am geschicktesten. Immer hatte er seine Umgebung aufmerksam beobachtet und seine Mitmenschen genau studiert. So wußte er, vor welchen Erwachsenen er sich in acht nehmen mußte und mit welchen Tricks die Großen arbeiten. Während seine Freunde bei jedem Klauen ängstlicher wurden, wurde er immer mutiger. Er bekam respektvolle Anerkennung und fühlte sich seit langer Zeit wieder voll okay. Er war für eine Zeitlang mit sich und seiner Welt zufrieden.

– – – –

Erinnere dich an den zwölfjährigen Fabian. Er bekam schließlich viel Anerkennung von seinen Freunden. Wenn er an ihre bewundernden Blicke dachte, überkam ihn eine bis dahin unbekannte Freude. Es war mehr als Zufriedenheit, es war eine Art Hochgefühl. Mit der Zeit stellte sich Fabian selber vor schwierigere Aufgaben. Aber auch die meisterte er, ohne aufzufallen. So war es also kein Wunder, daß seine Freunde ihn baten, für sie das eine oder andere zu stehlen. Und Fabian tat es, weil er sie doch nicht enttäuschen wollte. Schnell sprach sich das in der Schule herum. Er bekam Aufträge von den älteren Schülern, und sein Selbstwertgefühl stieg. So trieb er bald einen schwunghaften Handel, denn er wollte jetzt auch nicht mehr leer ausgehen. Doch mit der Zeit fühlte er sich immer mehr beobachtet. Es war kein Wunder, daß er die Aufmerksamkeit der Erwachsenen auf sich zog, denn er besuchte bestimmte Geschäfte inzwischen mehrmals wöchentlich. So begann Fabian, Geld zu stehlen, um die von den Mitschülern gewünschten Artikel ordnungsgemäß einzukaufen. Zunächst kleine Beträge. Jetzt fühlte er sich gar nicht mehr gut dabei. Er mußte nämlich Menschen das Geld wegnehmen, die ihm nahestanden. Mit einem größeren Betrag von seiner Oma wollte er sich für eine Zeitlang Ruhe verschaffen. Er redete sich ein, ihr dieses Geld nach und nach wieder unauffällig von seinem Taschengeld ins Portemonnaie zurückzulegen.

Seinen Freunden wurde Fabians Verhalten langsam unheimlich. Sie mieden ihn, wo sie konnten. Jetzt fühlte er sich erst richtig schlecht. Sie hatten bestimmt recht, seine Freunde, wenn sie nichts mehr mit ihm zu tun haben wollten. Was für ein schlechter Mensch war er doch. Er verdiente keine Freunde, er verdiente vor allem nicht die Liebe seiner Oma, deren Vergeßlichkeit er ausgenutzt hatte. Fabian konnte sein Verhalten vor sich selbst nur ertragen, indem er sich sagte: Ich bin ein von Grund auf schlechter Mensch. Er begann sogar, die Liebe seiner Mitmenschen abzublocken, weil er meinte, sie nicht verdient zu haben. Er machte nun viele Dinge, bei denen ihm eine Bestrafung sicher war, um mit sich selbst noch leben zu können. Nur in der Zeit unmittelbar nach so einer Strafe lebte Fabian gelöst und mit sich zufrieden. Dann war sein Lachen heiter und warm, die Gefühle für seine Mitmenschen offen und ehrlich. Nur dann ging es ihm gut, gelang es ihm, sich zu entspannen.

– – – –

Erinnere dich an Fabian, der sich für einen schlechten Menschen hielt und dem es nur gutging, wenn andere ihm das bestätigten. Unbewußt sorgte er immer wieder dafür, daß man ihn bestrafte, denn nur so konnte er sich selber ertragen. Als seine Familie dann aber Verdacht schöpfte, baute er sich ein Lügengerüst auf, bis es so hoch und verworren war, daß es zusammenstürzen mußte. Fabian brach zusammen, doch seine Familie fing ihn auf. Seine Eltern liebten ihn, auch wenn er ein Stück von seinem Weg abgekommen war. So schlimm das, was er getan hatte, auch war, seine Eltern wußten: damit leben zu müssen, war für Fabian bereits die schlimmste Strafe gewesen. Das Gefühl für Recht und Unrecht war die ganze Zeit in ihm gewesen, er hatte es beiseite geschoben und sich damit selber sein Leben zur Hölle gemacht. Fabian hatte den falschen Weg eingeschlagen, um die Anerkennung seiner Freunde zu erlangen. Ein Weg, der in einer Sackgasse enden mußte! Doch am Ende dieser endlos langen, dunklen Straße standen seine Eltern. Ihre Liebe ließ ihn umkehren. Wenn auch der Rückweg lange und beschwerlich war, Fabian schaffte es. In jedem Schritt spürte er, daß sie ihn für liebenswert hielten und ihm vertrauen wollten. Er lernte, die Liebe seiner Eltern anzunehmen, und zu seinen Freunden wurden nur Jungen, die ihn mit seinen Fehlern und Schwächen akzeptierten.

Anregungen für Eltern:
- Darüber sprechen, warum ein Mensch sich selber bestraft.
- Sich in die Rolle eines Opfers versetzen, seine Gefühle versuchen nachzuempfinden.
- Gemeinsam überlegen, wie man nein sagen kann, ohne sich dabei schlecht zu fühlen.
- Über das Petzen sprechen und darüber, wann das Schweigen einen Menschen zum Mittäter macht.

Gefühlsschwankungen

Das Baby (Eifersucht)

Wenn Ihr Kind, weil es die Zuwendung mit einem Bruder oder einer Schwester teilen muß, eifersüchtig reagiert und es wieder klein sein möchte, um ebenso umhegt und versorgt zu werden.

Eifersucht unter Geschwistern gibt es in fast jeder Familie. Ihr können Eltern nur sehr schwer etwas entgegensetzen, sondern einzig ihr immer wieder mit nicht nachlassender Liebe begegnen. Steht eine Geburt bevor, können wir unser Kind vorbereiten, indem wir ihm ehrlich schildern, wie sich seine Situation verändern wird. Doch werden wir ein wenig Eifersucht wohl kaum verhindern können. Die folgende Geschichte stellt eine kleine Hilfe für die Bemühungen der Eltern dar, die Eifersucht so gering wie möglich zu halten.

Mögliche Einleitung

Ich weiß, so hattest du dir das nicht vorgestellt mit unserem Baby! Wie gespannt warst du auf dein Brüderchen (Schwesterchen), und nun bist du eigentlich mehr enttäuscht, nicht wahr? Du kannst nicht mit ihm spielen. Wenn unser Baby nicht gerade schläft, was die meiste Zeit der Fall ist, dann schreit es.

Die einzigen Momente, in denen dein Brüderchen (Schwesterchen) ruhig ist und du ihn (sie) beobachten kannst, sind, wenn er (sie) gestillt wird. Dann hält das Baby deinen Finger fest, indem es ihn mit seiner kleinen Faust umschließt. In diesen Augenblicken findest du es vielleicht ganz niedlich und hast es auch schon ein bißchen lieb.

Aber schließlich gibt es noch die vielen Stunden, in denen du unser Baby nicht ausstehen kannst. Denn eins spürst du jetzt schon ganz deutlich, es scheint nie mehr so zu werden wie früher. Seitdem unser Baby aus dem Krankenhaus gekommen ist, hat sich alles geändert. Plötzlich sollst du warten mit deinen Wünschen, darfst nicht mehr laut reden, damit es sich nicht beim Stillen erschreckt. Alle Bekannten und Freunde, die uns besuchen, fragen zuerst nach deinem Bruder (deiner Schwester). Erst nachdem sie ihn (sie) auf den Arm genommen haben, wenden sie sich dir zu. Und du darfst unser Baby nur in den Armen halten, wenn die Erwachsenen dabei sind! Alle haben Angst, daß du es fallen lassen könntest. So ein Quatsch, denkst du, als ob du nicht stark genug seist! Aber das Allerschlimmste ist, daß wir nicht mehr soviel Zeit für dich haben. Manchmal hast du das Gefühl, wir kümmern uns nur um dich, wenn du ungezogen warst. Doch sich extra schlecht benehmen, nur um Aufmerksamkeit zu erhalten, gefällt dir nicht, denn auch das Schimpfen tut dir sehr weh! Oft bist du richtig traurig und mußt ein wenig vor dem Einschlafen weinen. Ich kann dir vielleicht ein bißchen helfen. Doch es wird eine Zeitlang dauern, bis du dich an die neue Situation gewöhnt hast. Erst wenn du dein Brüderchen (Schwesterchen) richtig lieb hast, wirst du die Erwachsenen besser verstehen und merken, daß sie dich immer noch genauso lieben wie früher.

Wichtig ist, daß du deinen Kummer jemandem erzählst. Das kann zum Beispiel dein Teddy oder ein Schmusetier sein. Wenn du dich sehr unglücklich fühlst, nimmst du ihn oder es ganz fest in den Arm und berichtest ihm einfach alles, was dich bedrückt. Hat sich danach ein Teil deiner Sorgen gelegt, kannst du dir mit Hilfe deiner Phantasie etwas Schönes vorstellen.

Die Geschichte

Du schließt die Augen und gehst mit deinen Gedanken auf eine kleine Reise. Dabei merkst du, wie es dir langsam immer besser geht. Dein Körper entspannt sich, deine Arme und Beine werden schwer und müde. Du atmest ruhig und beginnst dich wohlzufühlen. Dir wird warm, und du bist nicht mehr traurig. Je mehr schöne Sachen du dir vorstellst, um so besser geht es dir.

Mach jetzt zum Beispiel mit deinem Bruder (deiner Schwester), den (die) du dir vielleicht ein wenig älter vorstellst, und deiner übrigen Familie einen Spaziergang.

Ihr befindet euch auf dem Weg zu einem Ort, der dir schon immer besonders gefallen hat. Es geht dir gut. Du bist glücklich, weil ihr alle mal wieder zusammen seid. Du freust dich über alles, was du siehst. Es geht dir richtig gut. Du fühlst dich entspannt und ausgeglichen.

– – – –

Erinnere dich, du gehst mit deinen Eltern und dem Baby spazieren. Es geht dir gut. Eine ganze Zeit bist du mit den anderen gegangen. Du bist jetzt vollkommen zufrieden und bekommst Lust, etwas zu unternehmen. Die vor euch liegende kleine Brücke kommt dir bekannt vor. Ja, du bist dir sicher, daß du hier schon einmal mit deinen Eltern gewesen bist.

Waren da nicht die Tiergehege? In gespannter Erwartung läufst du ein Stück voraus, um zu schauen, ob noch alles so ist, wie du es in Erinnerung hattest. Es ist tatsächlich so. Du freust dich. Endlich kommen auch die anderen. Aufgeregt zeigst du jetzt, was dir so besonders gefällt.

Deine Begeisterung steckt alle Erwachsenen an. Selbst dein Bruder (deine Schwester) im Buggy lacht, obwohl er (sie) gar nicht weiß, warum. Doch er (sie) spürt wie du, daß die ganze Familie glücklich ist.

Du merkst, daß ihr alle zusammengehört und daß alle dich wirklich immer noch liebhaben. Es ist ein wundervolles Gefühl nach der langen, schwierigen Zeit.

Jetzt kannst du dir endlich vorstellen, daß alles wieder gut wird!

Nimm deine Freude mit in den Schlaf. Sie wird dich dann morgen geduldiger und verständnisvoller gegenüber deinem Brüderchen (deinem Schwesterchen) und den Erwachsenen machen.

Wenn du dir in der nächsten Zeit öfter vor dem Einschlafen mit Hilfe deiner Phantasie schöne Erlebnisse ausmalst, wird es dir sicher bald besser gehen.

Anregungen für Eltern:
- Über Gefühle wie Eifersucht und Neid sprechen.
- Gemeinsam überlegen, warum ein Baby viel Fürsorge und Schutz braucht.
- Gemeinsam überlegen, ob die Liebe gleich groß bleiben kann, auch wenn jedes Kind eine andere Art von Zuwendung bekommt?
- Über die Nach- und auch die Vorteile des Größerseins sprechen.

In der Höhle (Wut)

Wenn Ihr Kind sich als Sündenbock der Familie fühlt, die schlechte Laune oft an ihm, dem schwächsten Glied der Familie, ausgelassen wird.

Obwohl wir es nicht möchten, passiert es uns manchmal, daß wir unsere schlechte Laune an anderen auslassen. Darunter leiden meistens besonders unsere Kinder, vor allem aber die Einzelkinder. Diese haben kaum eine Chance, ihren Frust wiederum an Geschwister weiterzugeben. Sie können ihren Ärger gegenüber den »mächtigen« Eltern kaum rauslassen, schlucken ihn herunter, um ihn dann an anderer Stelle, wie in der Schule, loszuwerden.

Wenn Sie gemerkt haben, daß Ihr Kind mal wieder Ihren ganzen Frust abbekommen hat, können Sie ihm mit der folgenden Geschichte Ihre Zuwendung geben.

Mögliche Einleitung

Heute ist mal wieder so ein Tag, an dem du dich am liebsten in Luft auflösen möchtest. Ganz egal, was du tust oder wohin du dich verziehst, die Launen der Erwachsenen erwischen dich! Es ist auch wirklich gemein, wenn man als Jüngster der Familie der Prellbock der anderen ist. Warum müssen die Großen ständig ihre Wut an den Kleinen auslassen?

Schließlich, was kannst du denn dafür, wenn wir Ärger gehabt haben oder wenn wir mal wieder im Stau steckengeblieben sind und unsere Termine nicht einhalten können? Du hast irgendwie recht! Wenn du uns wenigstens einen Grund geliefert hättest!

119

Manchmal hast du wirklich das Gefühl, daß wir Erwachsenen an solchen Tagen geradezu nach Fehlern bei dir suchen, um unseren Frust loszuwerden. Sonst stört uns dein unaufgeräumtes Zimmer überhaupt nicht und sehen wir die dreckigen Socken unter deinem Schreibtisch nicht. Plötzlich fangen wir an, an dir herumzuerziehen, während du dich sonst manches Mal, weil wir mit uns selber beschäftigt sind, durchwuseln kannst, nicht wahr? Ich verstehe dich. Deshalb haben wir dir jedenfalls für heute deine Laune verdorben. Warum sonst hast du dich, den Bauch voller Wut, auf dein Bett geschmissen? Dabei hattest du vorher gute Laune, weil der bisherige Tag nach deinen Wünschen verlief. Selbst die Mathearbeit am Vormittag konnte dir den Tag nicht verderben. Aber wir haben es geschafft, deine Stimmung auf den Nullpunkt zu bringen. Ab sofort willst du also nichts mehr sehen, nichts mehr hören, bis du dich wieder beruhigt hast. Ich habe Verständnis für deine Gefühle. Laß mich dich ablenken, laß dir von mir deine Laune ein wenig verbessern, indem ich dich auf eine kleine Phantasiereise mitnehme.

Die Geschichte

Leg dich entspannt hin und schließ die Augen. Versuche, die Bilder von eben zu vergessen, indem du dich nur noch auf dich besinnst. Du möchtest dich so gut fühlen, wie es dir heute vor dem Ärger ging.

Nicht nur dein Kopf sehnt sich nach dieser Harmonie, auch dein Körper möchte sich, von den Anspannungen gelöst, ausruhen.

Deine Arme und Beine sind schwer und müde. Laß dich in diese Müdigkeit hineinfallen. Eine wohlige Wärme durchströmt dich.

Du hast jetzt nur einen Wunsch. Den Wunsch nach Ruhe und vollkommener Zufriedenheit. Und nach einem Moment der Stille erfüllt dich gleich diese Ruhe und vollkommene Zufriedenheit.

In deinen Gedanken verläßt du nun dein Zimmer. Es zieht dich nach draußen in die Natur, denn hier fühlst du dich immer frei und unbelastet. Dein Bruder (deine Schwester/oder ein Freund) ist bei dir. Ihr möchtet zusammen spielen. Du schlägst ihm vor, daß ihr in eurer Höhle spielen könntet. Er möchte Detektiv spielen. Sein Vorschlag gefällt dir. Du überlegst dir, daß ihr beide Ideen miteinander verbinden könntet. Euer Versteck könnte eine Zentrale sein, in der ihr die Informationen sammelt und besprecht. Zunächst geht ihr in eure Höhle, um zu schauen, ob sie noch so ist, wie ihr sie verlassen habt. Ihr schleicht euch durch das Busch- und Sträucherdickicht, denn sie liegt gut versteckt. Ihr sondiert die Lage. Es sieht so aus, als ob keine anderen Kinder dagewesen sind. So macht ihr es euch erst einmal bequem und ruht euch aus.

– – – –

Erinnere dich, du bist mit deinem Bruder in eurer Höhle. Ihr habt euch ausgeruht. Nachdem ihr in eurer Höhle einige Zeit gemeinsam verbracht habt, geht dein Bruder nun auf Streife. Du bleibst in der Höhle.

Über das Walkie-talkie hörst du dir seine Beobachtungen und Informationen an. Du notierst die Personenbeschreibungen, Uhrzeiten und auffällige Verhaltensweisen. Es ist sehr spannend, weil dein Bruder anscheinend etwas Ungewöhnliches bemerkt hat. Du sagst ihm über das Funkgerät, daß du der Sache auch gerne nachgehen möchtest, weil du eine Idee hast. Etwas unwillig kommt er zur Höhle zurück, und ihr tauscht eure Rollen. In der Höhle hast du dich gut erholt, und euer Spiel hat dich vom Ärger mit den Erwachsenen abgelenkt.

Wenn du möchtest, kannst du nun deinen Kontrollgang in deiner Phantasie gestalten. Vielleicht erlebst du ein kleines Abenteuer?

Danach wirst du erholt und zufrieden in deinen Alltag zurückkehren.

Anregungen für Eltern:
- Gemeinsam überlegen, wie man sich wehren kann, wenn jemand seine schlechte Laune an einem auslassen will.
- Überlegen, wie man seinen Ärger besser abbauen kann, als ihn an anderen auszulassen.
- Über den Reiz einer Höhle und des Detektivspiels sprechen.
- Was kann man lernen, wenn man andere Menschen beobachtet? Wie weit darf man mit dem Beobachten gehen?

Im Iglu (Trostlosigkeit)

*Wenn Ihr Kind nicht weiß, worauf es sich freuen soll, und be-
drückt und antriebslos an seine Aufgaben geht, seinen Alltag
als trostlos empfindet, weil er offenbar ohne Höhepunkt zu sein
scheint.*

Sicher haben Sie es auch schon erlebt, daß Ihr Kind nach
ausgefüllten Ferien in ein tiefes Loch fällt? Plötzlich scheint
ihm alles trostlos, der Schulalltag, seine Hobbys, wenn es
schlimm kommt, sein Leben überhaupt. Die meisten Kinder
fangen sich schnell, sind nach zwei bis drei Schultagen wieder die »alten«. Wenn sie ihre Situation allerdings länger als
trostlos empfinden sollten, zeigt ihre depressive Stimmung,
daß sie mit ihrem Alltag überfordert waren. Sie haben auf ein
Ziel hingearbeitet (z.B. die Ferien) und sich dabei übermäßig
angestrengt. Sie haben dann die Ferien nicht wirklich richtig
genießen können und empfinden deshalb nun den wieder
beginnenden Alltag als unerträglich. Wenn Ihr Kind einmal in
einer solchen Situation sein sollte, gönnen Sie ihm noch ein
paar schul- und terminfreie Tage. Geben Sie ihm die Möglichkeit, sich auszuruhen, neue Kraft zu schöpfen, zu sich selber
zurückzufinden. Es wird anschließend mit frischem Elan an
seinen Alltag herangehen. Die folgende Geschichte stellt eine
Hilfe zur Überwindung solcher Phasen von Trostlosigkeit dar.

Mögliche Einleitung

Es war eine wunderschöne Zeit, doch jetzt hat dich der Alltag wieder. In den letzten Tagen ist deine Stimmung beinahe
täglich schlechter geworden. Tag für Tag dasselbe: früh auf-

stehen, der Weg zur Schule, sechs Stunden Unterricht, der Weg nach Hause, Mittagessen und dann Hausarbeiten. Es bleiben dir zwei bis drei Stunden Freizeit. Das findest du ziemlich stressig, zumal auch die Wochenenden viel zu schnell vorübergehen. Gerade hast du dich an deinen neuen Freiraum gewöhnt, ist der Montagmorgen schon wieder da, und der Streß beginnt von vorne.

Du denkst zurück. Wie schön waren doch die Weihnachtsferien. Erst das wundervolle Fest mit den vielen Überraschungen, dann die vielen Stunden, an denen sogar deine Verwandten mal Zeit hatten, und als weiterer Höhepunkt Silvester mit der vielen Knallerei und dem Feuerwerk. Danach gab es noch eine ganze Woche Ferien. Genügend Zeit, um die Weihnachtsgeschenke zu genießen.

Und jetzt? Es hat den Eindruck, als seist du in ein Loch gefallen. Du weißt gar nicht so recht, worauf du dich freuen sollst. Und die Osterferien sind weit weg. Deine Hausarbeiten kannst du nicht mehr zügig machen, weil dir der rechte Antrieb fehlt. Das Auswendiglernen klappt auch nicht. Als ob du es in den drei Wochen Ferien verlernt hättest! Wenn wenigstens Schnee liegen würde, dann hättest du den Wunsch, schnell nach draußen zu kommen. Aber an Schnee ist nicht zu denken. Da hast du vor zwei Jahren den Schneebob bekommen, und erst zweimal konntest du ihn wirklich nutzen. Warum gibt es keinen richtigen Winter mehr? Wenn es wirklich mal schneit, bleibt der Schnee nicht liegen, weil der Boden zu warm ist.

Heute ist wieder so ein Tag, an dem dir die Arbeit nicht so recht von der Hand geht. Und dann sollst du auch noch einen Aufsatz schreiben, mit dem Thema: Wie ich mir den Winter vorstelle! Aber außer, daß du ihn mit Schnee haben möchtest, fällt dir nichts ein. Was soll man groß darüber schreiben, fragst du dich. Schnee ist für dich so weit weg, daß dir für ihn alle Phantasie fehlt.

Vielleicht kann ich dir helfen, indem ich dich mit einer kleinen Gedankenreise in eine winterliche Stimmung bringe.

Die Geschichte

Setz oder leg dich so bequem wie möglich hin, und schließe die Augen. Versuch, deinen Atem zu beruhigen. Er geht jetzt ganz gleichmäßig: ein und aus, ein und aus, ein und aus.

Du bist ganz ruhig und schickst deine Ruhe auch tief in dein Inneres. Diese Ruhe ist wie ein Mantel, der dich wärmend umhüllt.

Dein ganzer Körper wird von dieser wohligen Wärme erfaßt, die dir das Gefühl von tiefer Geborgenheit gibt.

Nun reise mit mir in deinen Gedanken in eine Winterlandschaft.

Dir wird nicht kalt, denn vom blauen Himmel lacht dir freudig die matte Wintersonne entgegen. Es hat Neuschnee gegeben, und er liegt fast einen Meter hoch vor dir. Voller Wonne greifst du in den feinen, lockeren Pulverschnee und wirfst ihn voller Übermut hoch in die Luft. Du freust dich lauthals. Dein Freund ist bei dir. Er läßt sich sofort von deiner Begeisterung anstecken. Auch er faßt voller Freude in den Schnee und schleudert ihn händeweise in deine Richtung. Im Nu seid ihr beiden in einem regelrechten Schneegestöber, weil du seine Herausforderung annimmst. Ein wahres Toben im Schnee beginnt. Laut lachend bewerft ihr euch eine ganze Zeitlang. Zu guter Letzt rollt ihr euch im Überschwang eurer Gefühle durch den Schnee einen kleinen Hügel hinunter. Ihr keucht vor Anstrengung und seid immer noch glücklich. Dann befreit ihr euch vom Schnee und ruht euch ein wenig aus.

– – – –

125

Erinnere dich, es hat endlich den lange gewünschten Schnee gegeben. Dein Freund und du, ihr habt im Schnee getobt, bis ihr euch, völlig erschöpft, erst einmal ausruhen mußtet. Nach dieser Verschnaufpause beschließt ihr nun, euch ein Iglu zu bauen. Mit den dickwattigen Ärmeln eurer Schneeanzüge schiebt ihr große Mengen Schnee zusammen. Ihr drückt sie fest, was ziemlich beschwerlich ist, weil ihr dicke Fausthandschuhe tragt. Aber kalte Finger wollt ihr auf keinen Fall bekommen, und so klopft ihr immer wieder auf den Schnee, bis er nicht mehr nachgibt. Wie zwei Schwerarbeiter seid ihr beschäftigt. Bald kommt ihr mächtig ins Schwitzen. Ihr zieht euch einige schwere Kleidungsstücke aus, die Handschuhe jedoch behaltet ihr an. Es macht euch eine Menge Spaß, obwohl es sehr anstrengend ist. Doch ihr schmiedet Pläne bei eurer Arbeit. Zum Glück kommt kurze Zeit später euer gemeinsamer Freund und nimmt eure Idee begeistert auf. Zu dritt geht es nun noch schneller. Ein warmes Mittagessen verhilft dir zu einer angenehmen Pause. Du ißt mit großem Appetit. Selten hat dir ein Eintopf so gut geschmeckt. Es geht dir prächtig. Bald fühlst du dich satt, aber auch ein wenig schläfrig. Darum ruhst du dich jetzt erst einmal richtig aus.

– – – –

Erinnere dich, ihr habt zu dritt an einem Iglu gebaut. Das war schön, aber auch ein wenig anstrengend. Darum hast du dich in der Mittagspause ein wenig erholt. Nun bist du frisch und voller neuem Tatendrang. Ihr setzt eure Arbeit fort. Es macht wieder riesigen Spaß. Am späten Nachmittag habt ihr es dann endlich geschafft. Euer Iglu ist fertig, und ihr seid sehr stolz. Sofort wird es bezogen. Ihr holt euch Decken und versorgt euch mit reichlich Essen und Trinken. Zu dritt hockt ihr in eurer warmen, gemütlichen Eishöhle bei dem Schein von Talglichtern und erzählt euch Geschichten. Nach der anstrengenden, aber mit viel Spaß verbundenen Arbeit geht es dir jetzt richtig gut. Du bist zwar ein wenig müde, aber im Kreis deiner beiden Freunde fühlst du dich geborgen, rundum glücklich.

Bleibe in deinen Gedanken ein wenig im Iglu, erzähle deinen Freunden vielleicht noch eine Geschichte oder schmiede neue Pläne mit ihnen. Danach wird es dir sicher nicht schwerfallen, in deinen Alltag zurückzukehren.

Anregungen für Eltern:
- Überlegen, warum es nicht gut wäre, immer Ferien zu haben.
- Darüber sprechen, warum es uns allen manchmal schwerfällt, nach einer schönen Zeit in den Alltag zurückzukehren.
- Überlegen, ob nicht auch das Wetter auf unsere Stimmung Einfluß hat. Welche Möglichkeiten haben wir als Familie, unsere Stimmung aufzubessern?

Auf der Halfpipe (Konzentration)

Wenn Ihr Kind sich nicht konzentrieren kann, vor den Hausaufgaben sitzt und nicht fertig wird, obwohl es eigentlich lieber spielen möchte.

Manchmal sind unsere Kinder einem Übermaß an Eindrücken ausgesetzt und brauchen deshalb längere Phasen der Entspannung. Vor allem, wenn die schulischen Anforderungen sehr hoch sind, sie sich vielleicht überfordert fühlen oder gesundheitlich nicht auf dem Damm sind, können sich Konzentrationsstörungen zeigen. Auch machen sie unterschiedliche Entwicklungsschübe durch, die ihre Energie und Kraft fordern. Wir sollten sensibel reagieren, wenn unsere Kinder Phasen geringerer Belastbarkeit durchleben. Wir sollten unsere Erwartungen zurückschrauben, ihnen mehr Freiraum ermöglichen, damit sich keine negativen Konsequenzen aus solchen Phasen ergeben. Mit der folgenden Geschichte können Sie Ihrem Kind Entspannung schenken.

Mögliche Einleitung

Eigentlich solltest du deine Hausarbeiten machen. Aber irgendwie konntest du dich nicht konzentrieren. Obwohl du schnell fertig werden wolltest, um draußen spielen gehen zu können, nahm und nahm deine Arbeit kein Ende. Immer wieder hast du träumend aus dem Fenster geschaut. Ich habe dich beobachtet. Sicher hast du heute schon viel erlebt. Deshalb wandern deine Gedanken immer wieder zurück. In deinem Kopf ist kein Platz für neue Ideen. Solange du das Erlebte nicht noch einmal durchdacht hast, wird es dir schwerfallen, deine Hausarbeiten zu beenden. Mach ein wenig Autogenes Training mit mir.

Die Geschichte

Lehne dich in deinem Stuhl zurück, oder besser: Lege dich für einen Moment auf dein Bett. Schließe die Augen, und versuche, tief einzuatmen. Dann laß eine Menge deiner verbrauchten Luft wieder hinaus, indem du lange ausatmest.

Mache es mehrmals, tief einatmen und lange ausatmen. Vielleicht merkst du, wie sich dein Körper entspannt. Versuche, nur an dein Atmen zu denken. Sage dir: Tief einatmen, lange ausatmen. Du spürst, daß du langsam müde wirst. Kämpfe nicht dagegen an. Jetzt merkst du, wie dein Körper durch den Rhythmus deines regelmäßigen Ein- und Ausatmens in Schwingungen kommt. Nimm die Schwingungen mit, wenn du dich jetzt auf eine Gedankenreise begibst.

Du siehst dich auf deinem Skateboard fahren, denn du bist auf einer Halfpipe. Neben dir fährt dein Freund. Weil er schon viel öfter hier war, kann er etwas geschickter mit seinem Skateboard umgehen. Während du nur kurze Abschnitte rauf und runter fährst, beobachtest du ihn. Seine Fahrt gefällt dir so gut, daß du eine Zeitlang selber mit dem Skateboardfahren aufhörst und nur ihm zuschaust. Er holt eine Menge Schwung aus seiner Abfahrt, um auf der gegenüberliegenden Seite der Bahn höher zu kommen. Nach jeder Abfahrt schraubt er sich ein wenig höher. Du bist voller Bewunderung und studierst seinen Bewegungsablauf genau. Wie er seinen Körper dreht und die gewonnene Geschwindigkeit immer neu für sich ausnutzt. Seine fließenden Bewegungen wirken sehr harmonisch auf dich. Du nimmst sie in deine Gedanken auf, sie machen dich ausgeglichen und ruhig.

– – – –

Erinnere dich, du hast deinem Freund beim Skateboardfahren zugeschaut. Sein harmonischer Bewegungsablauf hat dir sehr gefallen und dich entspannt. Nun versuchst du es selber, erst langsam und dann allmählich schneller werdend. Bald hast du die Hälfte der Bahnhöhe erreicht. Ein wunderbares Gefühl steigt in dir hoch. Das ist doch etwas anderes als das alltägliche Geradeausfahren auf der Straße. Du merkst, wie sich dein Bewußtsein weitet. Indem du von Mal zu Mal höher hinaufschwingst, überkommt dich ein Gefühl von Freiheit. Das ist Leben, den eigenen Körper wahrnehmen, in Schwingungen bringen und Geschwindigkeit erfahren. Es ist wie ein Rausch, aus dem du nicht erwachen möchtest.

Inzwischen hast du das Ende der Bahn erreicht, und da du deinen Freund beobachtet hast, gelingt dir sogar die Drehung, um gleich wieder die Abfahrt zu nehmen. Du rast die Bahn hinunter und holst mit deinem ganzen Körper Schwung, um ein zweites Mal das Ende der Halfpipe zu erreichen. Und es klappt! Vor Freude und Stolz machst du deinen Freund lauthals auf dich aufmerksam. Er lobt dich, was dich beflügelt. Noch mehrmals gelingt dir die Abfahrt so gut, daß sie die Schnelligkeit für deine Auffahrt bringt.

Danach verlangsamst du die Fahrt. Dein Rauschzustand nimmt langsam ab, und du fühlst dich sehr zufrieden mit dir. Mit jeder Abfahrt hast du deine Spannungen rausgelassen, die Anstrengung hat den Druck von dir genommen, die Geschwindigkeit deinen Kopf frei gemacht.

Selten hast du dich so wohl gefühlt. Genieße noch ein paar Minuten das gleichmäßige Auf und Ab des Skateboardfahrens, und kehre danach gelöst und aufnahmebereit für neue Dinge in deinen Alltag zurück.

Anregungen für Eltern
- Lassen Sie sich von Ihrem Kind das Skateboardfahren schildern.
- Gibt es eine Skateboardrampe in Ihrer Nähe, oder können Sie sich für den Bau einer solchen einsetzen?
- Welche anderen Möglichkeiten für körperliche Aktivitäten gibt es noch (Bolzplatz, Basketballkörbe, Eislaufhalle u.ä.), welche bietet das häusliche Umfeld, welche die Schule? Kann man das Angebot erweitern?

Der Abschied (Tod)

Wenn Ihr Kind die erste Begegnung mit dem Tod gehabt hat und eine Person, die ihm nahestand, gestorben ist.

Im Grunde genommen verarbeiten Kinder den Tod, wenn es sich nicht gerade um die Eltern handelt, leichter als wir. Natürlich muß man ihnen je nach Alter Zuwendung und Trost schenken sowie einige Gespräche führen. Dennoch finden Kinder anschließend schneller und leichter in ihren Alltag zurück. Probleme tauchen vor allem dann auf, wenn eventuelle Schuldgefühle im Hinblick auf den Toten durch Gespräche nicht ausgeräumt werden konnten oder gar nicht erkannt wurden. Vorübergehende Schwierigkeiten haben Kinder vor allem dann, wenn sie von intensiv trauernden Angehörigen lange umgeben sind. Dann unterdrücken sie häufig ihre Gefühle, wollen die wieder aufkommende Lebensfreude nicht zeigen, schämen sich ihres Lachens und ihres Vergnügens am Spiel u.ä.

Mit der folgenden Geschichte können Sie Ihrem Kind helfen, sich mit den aufkommenden Gefühlen auseinanderzusetzen, wenn ein Angehöriger stirbt, und diese, egal wie sie auch sind, anzunehmen.

Mögliche Einleitung

Vor ein paar Tagen ist deine Großmutter gestorben. Seit diesem Tag hat sich deine Welt verändert. Du kannst gar nicht genau sagen wie, nur, daß du dich sehr schlecht fühlst. Du bist traurig, aber richtig weinen kannst du nicht. Du versuchst das Erlebte zu vergessen, doch schämst du dich dafür, wenn es wirklich für ein paar Stunden aus deinem Kopf war. Du magst nicht mehr lachen, weil du meinst, du müßtest traurig sein. Und dann sind da vor allem bestimmte Tage, die du mit deiner Großmutter erlebt hast und jetzt am liebsten rückgängig machen möchtest. Stunden, oder nur Momente, an denen du dich anders verhalten würdest, wenn du sie noch mal erleben dürftest.

Laß mich dir helfen! Der Tod eines Menschen, den man lieb gehabt hat, ist ein schwerwiegendes Ereignis. Keiner, auch nicht ein Erwachsener, kann ohne weiteres seinen gewohnten Alltag wieder aufnehmen. Es dauert lange, bis man das Erlebte verarbeitet und einen Weg gefunden hat, mit dem Verlust eines lieben Menschen zu leben. Ich möchte dir die Geschichte der zehnjährigen Samanta erzählen und dir einige Tips geben, wie du vielleicht mit deinem Verlust besser fertig werden kannst. Inzwischen weißt du sicher, wie du dich richtig entspannen kannst, um dich in die Gedankenwelt eines anderen zu versetzen.

Die Geschichte

Leg dich auf eine bequeme Unterlage, oder nimm eine der Sitzhaltungen ein, die für dich eine Entspannung möglich machen können. Konzentriere dich zunächst auf deine Arme, bis sie wohlig warm durchströmt werden. Danach denkst du nur an deine Beine, bis sich auch sie warm anfühlen. Deine Atmung geht gleichmäßig, und dein Herz schlägt ruhig. Wenn du dich jetzt schwer und müde fühlst, werde ich beginnen.

Samanta war immer ein sehr stilles Mädchen. Da sie nur einen um viele Jahre älteren Bruder hatte, wuchs sie praktisch wie ein Einzelkind auf. Ihre Eltern verwöhnten sie sehr.

Sie nahmen sich viel Zeit für ihren Nachkömmling, spielten mit ihr, als sie noch klein war, und nahmen sie mit ihren Ideen und Wünschen ernst.

Samanta wiederum liebte ihre Eltern ebenfalls über alles und bemühte sich immer, es ihnen recht zu machen. Doch manchmal, das weißt du, ist auch das liebste Kind nicht mit dem einverstanden, was die Eltern von ihm möchten. Es war für Samanta sehr schlimm, daß sich ausgerechnet nach so einem Tag etwas ereignete, womit niemand gerechnet hatte. Sie hatte sich mit ihrem Vater gestritten. Dabei war sie sogar ziemlich frech geworden, da sie ihren Ärger schon länger mit sich rumschleppte. Sie hatten sich richtig angeschrien, und ihr Vater hatte sich mächtig aufgeregt. Es gab keine Versöhnung an diesem Abend. Mit Wut im Bauch ging Samanta ins Bett. Konnte sie denn wissen, daß sie ihren Vater nie wieder lebend sehen würde? Er hatte in dieser Nacht einen Schlaganfall, wurde ins Krankenhaus gebracht und starb am darauffolgenden Tag. Samanta konnte nicht mehr mit ihm reden, da er vor seinem Tod nicht mehr aus dem Koma erwachte.

Für Samanta brach eine Welt zusammen! Sie konnte mit dem Geschehenen und mit sich selber nur weiterleben, indem sie sich zwang, es ganz schnell zu vergessen.

Und es gelang ihr. Ihre Mutter merkte nicht, was in ihr vorging, wie konnte sie auch, denn durch das Verdrängen war Samanta schnell wieder wie vorher: ein liebes, aufmerksames und verantwortungsvolles Mädchen, eine sehr gute Schülerin, eben eine perfekte Tochter. Und sie selbst fühlte sich nicht anders. Der Alltag und ihre Hobbys füllten sie aus, mit ihrer Mutter lief es harmonisch, sie hatte Freunde, ihre Welt war in Ordnung. Es ging ihr rundum gut.

– – – –

133

Erinnere dich an Samanta, die ihren Vater verloren und gleichzeitig auch die Ereignisse rund um seinen Tod verdrängt hatte. Der Alltag füllte sie aus, es ging ihr gut.

Erst einige Jahre später wurde das Erlebte um den Tod ihres Vaters zu einer bedrohlichen Situation für Samanta. Sie erkrankte schwer. Zu dieser Zeit lebte sie für ein halbes Jahr in Irland. Sie war in einer richtigen Familie untergebracht, das heißt mit einer lieben Mutter, einem lieben Vater und zwei anderen Kindern. Es kam, wie es kommen mußte. Was Samanta versucht hatte zu vergessen, war nur von ihr verdrängt worden und kam jetzt wieder aus ihrem Unterbewußtsein hoch. Da sie sich die Schuld am Tod ihres Vaters gegeben hatte, wurde sie nun sehr krank. Sie magerte ab, bis sie fast nur noch aus Haut und Knochen bestand. Keiner in der irischen Familie konnte ihr helfen.

Erst als sie wieder zu Hause war und sie eine Ärztin aufsuchte, wurde sie langsam wieder gesund. In langen Gesprächen mit dieser Ärztin ließ Samanta ihren ganzen Kummer raus. Die Ärztin machte ihr klar, daß sie sich nicht die Schuld am Tod ihres Vaters geben durfte.

Samanta durchlebte nochmals die Trauer um ihren Vater, und sie fand einen Weg, auf dem sie von ihm Abschied nehmen konnte, ohne ihn zu vergessen.

Ich habe dir diese wahre Geschichte erzählt, weil ich merke, daß du über die eine oder andere Situation mit deiner Großmutter viel grübelst. Mach dir keine Vorwürfe wegen deines Verhaltens, und gib dir erst recht keine Schuld für irgend etwas.

Du bist, wie du bist, und sie hat dich mit all deinen Stärken und Schwächen geliebt. Wenn du hier und da mal ungezogen warst, hat sie dir längst verziehen. Solltest du meinen, du hättest dich zu wenig um sie gekümmert, dann kann ich dir nur sagen, daß sie dein Verhalten, obwohl sie sich manches Mal etwas einsam gefühlt hat, immer verstanden hat. Ich bin mir sicher, daß sie sich wünscht, daß du auch in Zukunft noch manchmal an sie denkst, und zwar nur an die schönen Tage, die ihr beiden zusammen erlebt habt.

Bestimmt möchte sie, daß du ein fröhliches Kind bleibst und dich nicht schämst, wenn du nicht lange traurig sein kannst.

Wenn du dennoch meinst, etwas für sie tun zu müssen, dann laß sie in dir weiterleben, und zwar mit den guten Eigenschaften, die sie gehabt hat und die du vielleicht bewundert hast.

Sie kann durch dich weiterleben, du kannst immer mal von ihr und euren Erlebnissen erzählen. Ich denke, wenn sie dich dann von irgendwo her sieht oder hört, wirst du sie sehr glücklich machen.

Anregungen für Eltern:
- Über unsere Angst vor dem Sterben sprechen, gemeinsam versuchen, den Tod als eine natürliche Sache zu begreifen.
- Über Schuldgefühle reden, ihre Ursachen und Auswirkungen durchleuchten.
- Überlegen, inwieweit der Glaube eine Stütze sein kann.

Pubertät

Ein Schlittschuhlauf

*Wenn Ihr Kind unruhig ist und dennoch keinen Antrieb zeigt,
wenn es motivationslos und unzufrieden rumhängt, »null
Bock« hat.*

Die Entwicklungsschübe während der Pubertät werden von
starken Stimmungsschwankungen begleitet. Es gibt wohl
kaum Eltern, die diese Wechselbäder bei Jugendlichen in
diesem Alter ohne Reibung und Auseinandersetzungen
wegstecken können. Wir können ihnen jedoch mit dem AT
ein wenig mehr Ausgeglichenheit und ein wenig mehr Verständnis für ihre schwankenden, sich häufig verändernden
und auch völlig neuen Gefühle schenken.

Was, pubertierenden Jugendlichen Geschichten vorlesen? Das wollen die doch gar nicht, werden Sie sagen. Vielleicht, vielleicht auch nicht. Viele Jugendliche zeigen sich
eine Zeitlang nicht gerne mit ihren Eltern in der Öffentlich-
keit und halten dennoch zu Hause ein sehr harmonisches
Verhältnis zu ihren Eltern aufrecht. In den eigenen vier
Wänden wird sich noch manches Mal umarmt, oder es wird,
und wenn es beim Fernsehen ist, zusammen gekuschelt.
Gerade wenn Jugendliche sich noch Geborgenheit wünschen, kann das Vorlesen von Entspannungsgeschichten
eben diese schaffen.

Im übrigen kommt es immer auf die Motivation des Jugendlichen an. Merkt er z. B. selber, daß er sich nur sehr

schwer konzentrieren kann, läßt er sich sicherlich gerne helfen. Wer gar mit dem AT aufgewachsen ist und in dieser Hinsicht positive Erfahrungen machen konnte, wird sich kaum zu alt dafür fühlen. Im übrigen können Sie die in diesem Kapitel folgenden Geschichten auch von einem Bruder oder einer Schwester oder einem Freund (einer Freundin) Ihres Kindes lesen lassen.

Mögliche Einleitung

Heute ist mal wieder ein Tag, an dem du nicht so gut drauf bist. Warum, weißt du nicht genau. Eigentlich hat in letzter Zeit alles geklappt, aber richtig zufrieden bist du nicht mit dir. Du fühlst dich ausgepowert, und irgendwie macht sich langsam diese Null-Bock-Haltung, die du bei anderen vollkommen ablehnst, in dir breit. Es ist eigenartig, zum Entspannen bist du zu kribbelig, zu etwas Neuem fehlt dir der Antrieb. Du möchtest dich ausruhen, doch eine innere Unruhe treibt dich immer wieder hoch. Dann beginnst du mit irgendwelchen Dingen und läßt nach ein paar Minuten wieder von ihnen ab. Dadurch wird deine Unzufriedenheit noch größer. Ich denke, du solltest eine Möglichkeit, dich zu entspannen, kennenlernen, damit du sie in solchen Situationen wie jetzt alleine anwenden kannst.

Die Geschichte

Jetzt solltest du die Augen schließen, damit dich nichts ablenken kann. Zunächst ist es wichtig, daß du auf deine Atmung achtest. Ein richtiges Ein- und Ausatmen verhilft dem Körper zu eigentlichem Wohlbefinden. Fast alle Menschen atmen zu flach, weil sie sich richtiges Atmen niemals bewußt gemacht haben. Vielleicht versuchst du es einmal. Atme ganz tief ein. Halte die Luft, und schicke sie weit in deinen Körper hinein. Danach atme lange aus, bis du glaubst, kein bißchen Luft mehr in dir zu haben. Erst jetzt atme wieder tief ein. Wenn du dieses bewußte Atmen eine Zeitlang gemacht hast, merkst du, daß du ruhiger wirst und dein Herz langsamer schlägt.

Nun gilt es, auf eine noch höhere Ebene der Gelöstheit zu kommen. Man erreicht diese allein durch die Kraft seiner Gedanken. Konzentriere dich jetzt z. B. auf deine Beine. Denke nur an sie, und versuche sie zu spüren. Mit deinen Gedanken schicke nun Wärme in sie hinein. Wenn es nicht klappt, ist es nicht schlimm. Nach mehrmaligem Üben wirst du es bald können. Vielleicht fällt es dir bei den Armen leichter. Denke jetzt nur an deinen linken Arm. Fühle, wie er schwer und müde wird. Ist er nicht ein bißchen warm? Danach probierst du es mit dem rechten Arm. Auch wenn es heute noch nicht funktioniert, wie du es dir vorstellst, bist du durch das Konzentrieren auf die einzelnen Körperteile schon ein wenig entspannt.

Auf solch einer Ebene der Gelöstheit möchte ich mit dir einen kleinen Erlebnistrip machen. Versuche, mit deinen Gedanken Bilder zu meinen Worten zu finden. Wenn die Wärme noch nicht ganz in deinen Körper gedrungen ist, kannst du dir sicher vorstellen, in einer wunderschönen Winterlandschaft zu stehen. Du befindest dich auf einer großen Eisfläche. Deine Kleidung ist winterfest. Trotzdem fröstelst du ein wenig. Das soll sich bald ändern, denn vom strahlend blauen Himmel lacht dir die zarte Wintersonne entgegen. Sie läßt die Eiskristalle an den Ästen der Sträucher und Bäume wie in einem Prisma farbenprächtig blinken und blitzen.

Du schnallst dir jetzt deine Schlittschuhe unter, ziehst deine Mütze tiefer ins Gesicht und beginnst mit deinem Lauf. Vor dir liegt eine lange breite Eisfläche, denn du befindest dich auf einem zugefrorenen Fluß. Langsam schiebst du ein Bein vor das andere. Zunächst vorsichtig, immer wieder mit dem Blick nach unten, du möchtest auf keinen Fall eine Bauchlandung machen, weil du vielleicht über einen aus dem Eis herausragenden Ast oder etwas Ähnliches fällst. Mit jedem Meter wirst du sicherer. Du beginnst, dich zu entspannen und deinen Lauf zu genießen.

– – – –

Erinnere dich, du läufst Schlittschuh, und du fühlst dich sehr wohl dabei. Dein Lauf ist sicherer geworden, du kannst sogar schon ab und zu nach vorne schauen und dich über die weite Fläche, die vor dir liegt, freuen. Du bist fast allein. Erst in großer Entfernung kannst du ein paar andere Eisläufer ausmachen.

In dir entsteht ein schönes Gefühl. Immer leichtfüßiger setzt du deine Schlittschuhe auf das Eis. Deine Bewegungen werden gleichmäßiger und dein Lauf schneller. Du brauchst nicht mehr auf deinen Bewegungsablauf zu achten, er kommt wie von selbst aus dir heraus. Inzwischen fühlst du dich am ganzen Körper gleichmäßig warm, ohne daß du schwitzt, denn das Eislaufen strengt dich nicht an. Du genießt die matten Sonnenstrahlen und fühlst dich gelöst und entspannt. Vielleicht auch ein wenig euphorisch, denn ein Gefühl von unendlicher Weite und Freiheit strömt in dein Bewußtsein.

Genieße deinen Lauf noch ein wenig, und kehre dann mit neuer Energie in deine Umgebung zurück. Vielleicht gehst du später einmal, wenn du dich wieder ausgepowert und unzufrieden fühlst, mit der Kraft deiner Gedanken und den vorgegebenen Übungen auf einen solchen Schlittschuhlauf.

Anregungen für Eltern:
- Darüber sprechen, wie wichtig körperliche Aktivitäten sein können, um der zeitweiligen Null-Bock-Haltung etwas entgegenzusetzen.
- Gemeinsam überlegen, ob körperliche Aktivität nicht auch zu Entspannung führen kann?
- Welchen anderen Aktivitäten könnte man nachgehen, wenn man sich nicht gleich an einen Sportverein binden möchte?
- Überlegen, ob es sinnvoll wäre, auch den Urlaub aktiv zu gestalten, oder ob man lieber relaxen sollte.

Die drei Ringe

Wenn Ihr Kind sich nicht mehr leiden mag, sich seines Äußeren schämt, sich für unattraktiv hält und sich auch menschlich wenig anziehend findet.

Es gibt eine Menge Jugendliche, die besonders unter ihrem Aussehen während der Pubertät leiden: Jungen, die sehr pickelige Haut bekommen, Mädchen, die pummelig werden, bevor ihr Längenwachstum sie zu schlanken hübschen Teenagern macht. Wenn Sie ein solches Kind haben, können Sie ihm mit der folgenden Geschichte helfen.

Mögliche Einleitung

In den letzten Monaten bist du ständig unzufrieden mit dir gewesen. Obwohl du es nicht wolltest, hast du oft in banalen Dingen unwirsch reagiert und damit nicht nur deiner Umwelt, sondern auch dir das Leben schwergemacht. Du weißt einfach nicht, was mit dir los ist. Schon morgens, wenn du in den Spiegel schaust, kannst du dich selbst nicht ausstehen. Die ständig neu sprießenden Pickel in deinem Gesicht machen dich wütend, und überhaupt gefällt dir dein Äußeres nicht mehr. Du hältst dich für pummelig und unattraktiv. Selbst neue schicke Klamotten können dich nur für kurze Zeit zufriedenstellen. Dann siehst du dich dahinter, und schon braut sich in dir eine neue Krise zusammen. Dein sinkendes Selbstwertgefühl schlägt sich auf deine Konzentration nieder. Immer häufiger trödelst du bei deinen Arbeiten, nichts geht dir mehr so richtig von der Hand.

Vielleicht kann dir das Autogene Training weiterhelfen. Laß dich ein wenig ablenken, und folge meiner Geschichte.

Die Geschichte

Bevor ich beginne, versuche, möglichst entspannt zu sein.

Schließe deine Augen, und sage dir, daß du dich wohlfühlen möchtest. Höre auf deine Atmung: auf das tiefe Einatmen und das lange Ausatmen. Stelle dir vor, daß du in der Sonne liegst. Dein Gesicht empfängt die wärmenden Strahlen. Du stellst dir vor, wie sie mit ihrer heilenden Kraft deine Pickel entfernen. Die Sonnenstrahlen dringen in deinen ganzen Körper. Sie bringen dich in einen Zustand vollkom-

141

mener Harmonie. Du fühlst dich ausgeglichen und zufrieden, denn du magst dich jetzt, wie du bist.

Laß mich nun beginnen. Meine Geschichte handelt von der zwölfjährigen Daniela.

Eigentlich war Daniela immer ein fröhliches, hilfsbereites Kind. Ihre Klassenkameraden mochten sie, denn selten bekam man Streit mit ihr. So hatte sie viele Freunde und ging deshalb auch gerne zur Schule. Doch im Laufe des letzten Jahres veränderte sie sich körperlich. Immer weniger wurde sie zu Feten eingeladen, immer mehr mieden die anderen sie. Daniela fühlte sich gekränkt und ungerecht behandelt, denn sie hielt sich nach wie vor für hilfsbereit. Auch tat sie einiges, um zu gefallen. So achtete sie sehr auf ihr Äußeres. Sie veränderte ihre Frisur und ließ sich schicke Sachen schenken.

Trotz aller Bemühungen konnte sie jedoch nichts gegen ihre körperliche Veränderung machen. Obwohl sie immer weniger aß, wurde sie pummeliger. Es war also kein Wunder, daß sich mit der Zeit ihr Gemütszustand änderte. In ihrer Verzweiflung suchte sie schließlich die alte Frau von Bardowitz in der Mondscheinvilla auf. Ihr war etwas mulmig zumute, als sie sich auf den Weg zu dem Haus machte, das gar nicht weit von ihrem Elternhaus entfernt lag. Man erzählte sich die erstaunlichsten Geschichten von dieser inzwischen etwas wunderlich gewordenen Dame. Doch jahrelang war ihr der Ruf vorausgeeilt, die besten Ratschläge für alle Lebenslagen zu geben.

Als Daniela kleiner war, hatte sie die alte Frau gemocht. Oft hatte sie mit ihrem Bruder in ihrem großen Parkgelände gespielt. Frau von Bardowitz mochte Kinder und verwöhnte sie oft mit Süßigkeiten. Schon damals sah sie anders aus als Danielas Mutter oder die anderen Mütter, die sie von ihren Freundinnen kannte. Sie trug lange, wallende, farbenfrohe

Gewänder, hatte an beiden Armen mehrere goldene Armreifen, und von ihren Fingern blinkten die verschiedensten Ringe mit Edelsteinen. Oft sahen Daniela und ihr Bruder von ihrem Lieblingsbaum aus, wie Nachbarn die Mondscheinvilla betraten und erst nach langer Zeit wieder herauskamen. Was machten sie in dem Haus? Die beiden dachten an alles mögliche. Abends vor dem Einschlafen stellte sich Daniela oft die Räume der Mondscheinvilla vor. Sie ging in ihren Gedanken darin spazieren und schlief darüber ein.

– – – –

Erinnere dich, ich hatte dir von Daniela und ihrem Bruder erzählt. Dann war da noch die geheimnisvolle Mondscheinvilla, in der sich Daniela in ihren Gedanken vor dem Einschlafen besonders gerne aufhielt. Nun werde ich die Geschichte fortsetzen.

Eines Tages hatte der Briefträger ihnen dann erzählt, daß die alte Frau von Bardowitz eine Wahrsagerin sei. Sie würde den Leuten aus der Hand lesen und manchmal durch so eine bunte Glaskugel schauen. In den letzten Jahren hatte Daniela die alte Dame vergessen, denn immer weniger spielte sie mit ihrem Bruder in dem Park. Wenn sie nach den Schulaufgaben und ihren Hobbys Zeit hatte, traf sie sich mit ihren Freundinnen. Sie gingen zusammen ins Kino oder bummelten einfach durch die Gegend und redeten. Bei einem solchen Spaziergang war sie vor kurzer Zeit einmal wieder an der Mondscheinvilla vorbeigekommen.

Seit diesem Tag ging ihr die alte Dame nicht mehr aus dem Kopf, und so entschloß sie sich, den Schritt zu wagen, sie zu besuchen und um Rat zu fragen. Ob die Ratschläge der Frau von Bardowitz wirklich so gut waren, würde sich bald herausstellen. Mit klopfendem Herzen und ihrem ganzen gesparten Geld in der Tasche klingelte sie also an der Mondscheinvilla. Es dauerte eine ganze Zeit, bis sie schlurfende Schritte hörte und Frau von Bardowitz die Tür ein Stückchen öffnete. Daniela erschrak, als sie in das runzelige und etwas grimmige Gesicht blickte, das sich im Türspalt zeigte. Doch gleich erhellte es sich bei ihrem Anblick, und Frau von Bardowitz öffnete mit einem Ausruf freudiger Überraschung die Tür. Danielas Herzklopfen war schnell verschwunden, denn die alte Dame schien von ihrem Besuch ehrlich angetan zu sein. Nur noch selten kamen Ratsuchende zu ihr, und so fühlte sie sich oft einsam. Während Daniela ihr Anliegen vorbrachte, schloß Frau von Bardowitz die Zwölfjährige in den Arm und führte sie durch einen langen dunklen Flur in ein kleines Zimmer. Zunächst ließ sie Daniela allein, um ihr eine Limonade zu holen. Daniela sah sich in dem geheimnisvollen Raum um. Was meinst du, wie dieser Raum ausgesehen haben könnte? Vielleicht malst du ihn dir in deinen Gedanken aus.

– – – –

Erinnere dich, du bist Daniela in deinen Gedanken in die Mondscheinvilla gefolgt und hast dir einen geheimnisvollen Raum vorgestellt. Versetze dich wieder in diesen Raum, denn die Geschichte geht weiter.

Danach kam Frau von Bardowitz zurück. Natürlich wolle sie ihr helfen, aber nur ohne Bezahlung. Das sei schließlich selbstverständlich, weil sie sich doch schon so lange kannten. Sie solle einfach erzählen, was sie bedrückte, und irgendeine Lösung würde ihr dann schon einfallen. Daniela war erfreut, doch auch ein wenig verwirrt. Nur sehr langsam begann sie zu berichten. Immer wieder wurde sie abgelenkt von den vielen merkwürdigen Dingen in diesem kleinen

Zimmer. Es war voller seltsamer Gegenstände, die Daniela noch niemals gesehen hatte. Einige Kerzen tauchten den engen Raum in ein geheimnisvolles Licht, und das kleine Fenster ließ wenig Tageslicht herein. Die Räucherkerzen verströmten einen fremden, aber für sie angenehmen Duft. Erst als Frau von Bardowitz ihre Hand ergriff, ließ Daniela ihre Augen nicht mehr durch das Zimmer wandern. Konzentriert erzählte sie nun von ihrer Veränderung und daß sie nicht wisse, warum sie ständig mit sich unzufrieden sei. Als sie geendet hatte, blickte die alte Dame ihr lange in die Augen. Dann strich sie Daniela liebevoll über die Haare. Sie forderte Daniela auf, sich drei Ringe aus einem vor ihr stehenden Schmuckkästchen zu nehmen.

Die Wahl des ersten fiel der Zwölfjährigen nicht schwer, doch bei den beiden anderen mußte sie länger überlegen. Frau von Bardowitz nickte wohlwollend, und während sie Daniela den letztgewählten Ring auf einen passenden Finger steckte, begann sie ihre Aufforderung zu erklären:

»Ich erzähle dir sicherlich nichts Neues, wenn ich dir sage, daß man deinen Zustand als Pubertät bezeichnet. Ich könnte dir eine Menge Ratschläge geben, doch ich denke, sie würden dir kaum weiterhelfen. Jeder von uns muß diese Zeit durchmachen, und wir Frauen haben es dabei besonders schwer. Doch diese Jahre, ja, es wird dich noch länger beschäftigen, sind sehr wichtig für deine Entwicklung. In ihnen formt sich deine Persönlichkeit, und wie du in dieser Zeit mit dir umgehst, wird sich lange auf deine Erwachsenenwelt auswirken.

Ich möchte, daß du dich in der nächsten Zeit genau beobachtest.

Versuche deine Veränderungen nicht zu vertuschen, sondern aus ihnen zu wachsen. Dazu stelle ich dir zwei Aufgaben. Die erste Frage, mit der du dich beschäftigen solltest, ist: Was muß ich an mir und in mir verändern, um wieder mit mir zufrieden zu sein?

Wenn du meinst, diese Frage nicht nur beantwortet, sondern auch ihre Lösung ausprobiert zu haben, besuchst du mich wieder.

Du gibst mir den Ring zurück, und ich werde dir den anderen aufstecken mit der Frage, wer du bist.

Diese Aufgabe wird besonders schwierig werden und dich sicher eine ganze Zeit in Anspruch nehmen. Aber dein Lohn wird dieser Ring hier sein, den du dir als ersten ausgesucht hast. Er soll dir gehören, ich werde ihn für dich aufbewahren.

Sicher bist du jetzt ein wenig verwirrt. Doch ich bin mir sicher, daß du bald hinter den Trick der etwas schrulligen, aber dennoch ein wenig weisen ›von Bardowitz‹ kommen wirst«, schloß die alte Dame zwinkernd, nahm Daniela in die Arme und führte sie hinaus.

Hier endet meine Geschichte.

Vielleicht nimmst du die Aufgaben der Wahrsagerin mit in deinen Alltag. Wenn du Lust hast, kannst du mit deinen Gedanken noch ein wenig in der Geschichte bleiben und dir ihre Fortsetzung ausdenken.

Anregungen für Eltern:
- Über die möglichen Veränderungen während der Pubertät sprechen und darüber, wie man Nutzen aus ihnen ziehen kann.
- Über die Kraft von positiven Gedanken sprechen.
- Überlegen, mit welchen kleinen Tricks man sich während der Pubertät helfen kann.

Auf dem Pferdehof

Wenn Ihr Kind sich in seinen Gefühlen verletzt fühlt oder den ersten schweren Liebeskummer hat.

Wer von uns kann sich nicht an seinen ersten richtigen Liebeskummer erinnern. Eine Welt brach auch für uns zusammen, auch wir hatten das Gefühl, was Schlimmeres würde uns im ganzen Leben nicht mehr passieren. Es tat so weh, und man hatte das Gefühl, niemand und nichts könne einen trösten. Man konnte eigentlich mit keinem richtig darüber reden, weil man fürchtete, ausgelacht, in seinen Gefühlen nicht ernst genommen zu werden.

Erinnern Sie sich? Wenn ja, werden Sie sicher die ersten Symptome bei Ihrer Tochter/Ihrem Sohn erkennen. Wenn nein, wird Ihnen dieser Zustand sicher dennoch nicht verborgen bleiben, wenn Sie sich für das Leben Ihres Kindes interessieren. Auch wenn Ihr Trost scheinbar zunächst nichts nützt, schenken Sie ihn dennoch. Ihr Verständnis wird wahrgenommen und trägt auf jeden Fall zur »Heilung« bei. Suchen Sie das Gespräch, und versuchen Sie auch, mit der folgenden Geschichte zu helfen.

Mögliche Einleitung

Warum verhält er (sie) sich so? Ich habe doch gar nichts gemacht, denkst du. Oder habe ich mich so verändert? Plötzlich mag er (sie) mich nicht mehr. Und du? Du findest alle Jungen (alle Mädchen) blöd! Ich glaube, solche und ähnliche Gedanken hast du, nicht wahr? Es geht dir richtig schlecht. Am liebsten würdest du dich verkriechen, würdest gar nicht mehr zur Schule gehen. Es ist dein erster Liebeskummer, und er tut sehr weh.

Du zweifelst an dir. Du bist wütend auf deine Freundin (deinen Freund), weil sie (oder er) bei ihm (oder ihr) plötzlich an deine Stelle getreten ist. Du magst mit niemandem darüber reden. Auch mit uns nicht, denn du glaubst, wir würden deinen Kummer für Kinderkram halten. Doch für dich ist er es nicht!

Erst nachdem sehr viel Gras über dein Erlebnis gewachsen sein wird, erst nachdem es dir vielleicht noch einmal passiert ist, wirst du anders darüber denken können. Im Moment brauchst du viel Trost, jemanden, der dir nur zuhört, denn Ratschläge könntest du nicht vertragen. Vielleicht hast du einen Hund, dem du alles erzählen kannst, oder eine Katze? Beide sind immer gute Zuhörer, weil sie nicht widersprechen können. Sie nehmen deine Gefühle wahr und erwidern sie, ohne zu fragen oder gar Tips geben zu wollen. Mit ihnen kann man schmusen. Es würde dir sicherlich gut tun, wenn du einem Tier deine Zärtlichkeit geben könntest.

Vielleicht magst du Pferde und bist schon einmal geritten?

Auch wenn das nicht der Fall ist, könnte es dir eventuell ein wenig helfen, in deinen Gedanken mit mir Kontakt zu diesen besonderen Tieren aufzunehmen.

Die Geschichte

Entspanne dich, so gut du kannst. Dein Kummer hat dich müde gemacht, deine Gedanken kreisen seit einiger Zeit in deinem Kopf, ohne von der Stelle zu kommen. Es gibt im Moment keine Lösung für dich. Du kannst das Geschehene nicht rückgängig machen, du mußt die Zeit deiner Traurigkeit durchleben. Versuche, dich nur auf deinen Körper zu konzentrieren, zuerst auf deine Arme und dann auf deine Beine, bis sie von einer wohligen Wärme durchzogen werden. Atme ruhig und langsam ein und aus, und wenn du dich dann schon ein wenig entspannt fühlst, folge mir mit deinen Gedanken in die Natur. Sie tut allen Menschen gut, wenn sie Sorgen haben, denn sie gibt uns das Gefühl, frei und unabhängig zu sein. Irgendwie sind wir alle in unseren Herzen sehr stark mit ihr verbunden, weil wir aus ihr gewachsen sind.

Laß uns eine kurze Tour mit dem Fahrrad machen. Wir fahren zusammen ein Stück weg, dorthin, wo es kaum Autos gibt, wo uns wenig an unseren Alltag erinnert.

Halte dein Gesicht in den Fahrtwind. Ist es nicht schön, wie er dir die Gedanken aus dem Kopf pustet? Wir sollten ordentlich in die Pedale treten, damit du keine Zeit zum Nachdenken findest.

So, jetzt geht es dir etwas besser, nicht wahr?

Oh, schau drüben auf der Weide, die wunderschönen Pferde! Links daneben liegt der Reiterhof. Laß uns hinfahren. Ich werde die Leute fragen, ob du reiten darfst. Du kannst ja schon mal zu den Pferden gehen und schauen, ob du eines besonders magst. Vielleicht streichelst du es ein wenig und erzählst ihm von deinem Kummer. Sie sind gute Zuhörer, und man hat immer das Gefühl, daß sie einen verstehen. Probier es einfach, vielleicht geht es dir dann gleich noch ein wenig besser.

– – – –

Erinnere dich, du bist mit mir mit dem Fahrrad in die Natur gefahren, und wir haben einen Reiterhof aufgesucht. Während ich zum Besitzer gegangen bin, hast du dir bei den Pferden ein wenig Trost gesucht.

Hallo, da bin ich wieder. Oh, das ist wirklich ein prächtiges Tier! Ich glaube, das Pferd hätte ich mir auch ausgesucht. Ich habe übrigens mit dem Besitzer gesprochen, ihm ein bißchen von deinem Kummer erzählt. Nun schimpfe` nicht mit mir! Er hat nicht gelacht, sondern gesagt, Liebeskummer müsse man ernst nehmen.

Ich wußte nämlich, daß er selber eine Tochter in deinem Alter hat. Sie hat das auch schon mal durchgemacht. Er meint, das dauere eine ganze Zeit, bis man alles überwunden hat, aber es gäbe keine bessere Medizin, als sich sehr intensiv um Tiere zu kümmern.

Du darfst sooft herkommen, wie du möchtest, und wenn du Lust hast, kannst du auch ab und zu reiten. Das bringt dich auf andere Gedanken.

So, ich glaube, ich lasse dich jetzt allein. Mein vieles Reden geht dir sicher schon auf den Geist, und du möchtest allein sein.

Bleibe ruhig noch ein bißchen hier, und laß deine Gefühle raus. Es wird dir bestimmt guttun, bevor dich der Alltag wieder einfängt.

Anregungen für Eltern:
- Vom eigenen Liebeskummer erzählen und davon, wie man sich selber dabei gefühlt hat.
- Gemeinsam überlegen, womit man sich selber eine Freude machen könnte, nicht um den Schmerz zu verdrängen, sondern um sich nicht in Selbstmitleid zu ergehen.
- Darüber reden, wie man eventuelle Fehler verarbeiten und sie als eine wichtige Erfahrung annehmen kann.

Die Lebenswiese

Wenn Ihr Kind sich häufig in sich zurückzieht, meint, über alle Dinge des Lebens nachdenken zu müssen, ohne Motivation zu sein scheint, nur vor sich hinträumt und immer allein sein möchte.

Der Rückzug unserer Kinder während der Pubertät ist eine natürliche und wichtige Sache, bei der wir nur einschreiten sollten, wenn sie sich aus dem Zustand nicht mehr zu lösen scheinen. Ihr Kind benötigt diese Zeit, um zu sich selber zu finden. So muß es mit seiner körperlichen Veränderung fertigwerden und seinen Körper kennen und akzeptieren lernen. Es muß mit neuen Gefühlen (wie z.B. dem Verliebtsein, dem Liebeskummer) umgehen lernen, sie verarbeiten und annehmen. Es muß sich seine eigene Meinung zu vielen Dingen bilden und seinen Platz in der Gemeinschaft neu suchen. Das alles erfordert viel Kraft und Energie, und vieles kann man leichter bewältigen, wenn man sich aus dem Alltagsleben vorübergehend zurückzieht. Wir sollten also den Rückzug unserer Kinder akzeptieren, ihnen dennoch auch Gespräche anbieten und, wenn sie möchten, mit dem AT Entspannung schenken und den Zugang zu ihren Gefühlen erleichtern. Die folgende Geschichte kann Ihnen dabei helfen.

Mögliche Einleitung

Immer häufiger ziehst du dich zurück. Du möchtest alleine sein, keine dummen Fragen hören oder beantworten müssen, dem Alltagskram aus dem Weg gehen. Du hast über so vieles nachzudenken. Du willst Entscheidungen treffen, doch deine Gedanken treiben dich ziellos durch ein Labyrinth von Ideengängen. Kein Problem scheint zur Zeit lösbar, und immer wieder erwischst du dich, wie du einfach nur daliegst und träumst. Das macht dich unzufrieden, weil du zu keinen Ergebnissen kommst. Dabei ist diese Zeit, die du gerade durchmachst, von großer Wichtigkeit. Es ist die Zeit des Suchens und des Sich-Findens. Dein Körper hat sich in den letzten Jahren stark verändert, und nun fordert deine Psyche ihr Recht. Auch sie möchte wachsen, sich weiterentwickeln. Das Autogene Training kann dir bei dieser Suche helfen. Es ermöglicht eine tiefe Entspannung und läßt dich im meditativen Zustand deine wirklichen Wünsche und Gefühle erfahren. Du spürst die Harmonie von Körper und Geist, verschaffst dir durch deine Phantasie einen größeren Blickwinkel und erhöhst damit deine Toleranzgrenze dir selbst und anderen gegenüber.

Das Autogene Training steigert nicht nur dein Selbstvertrauen und dein Selbstwertgefühl, es macht dich vor allem ausgeglichen und zufrieden. Versuche es einmal mit einer Traumreise über eine Wunderwiese.

Die Geschichte

Entspann dich, bis dein ganzer Körper sich warm und müde anfühlt, deine Arme und Beine immer schwerer werden.

Kämpfe nicht gegen diese bleierne Schwere an. Laß dich in sie hineinfallen. Spür, wie du von ihr hinübergleitest in einen Zustand vollkommener Leichtigkeit.

Während du immer noch auf deinem Bett oder deiner Couch liegst, beginnst du in deinen Gedanken zu schweben. Du fühlst dich leicht und unbeschwert wie ein Schmetterling. In ihm fliegst du jetzt über eine sonnendurchflutete Wiese.

Die Sonnenstrahlen und der blaue Himmel machen dir gute Laune. Die bunten Farben der zahlreichen Blumen, die du erblickst, stimmen dich fröhlich, ja fast ein wenig übermütig. Voller Elan läßt du dich auf einer der farbenprächtigsten Blüten nieder. Doch sogleich schreckst du zurück. Ein unangenehmer Geruch hüllt dich ein, scheint dir den Atem zu nehmen. Du ergreifst die Flucht. Dein Enthusiasmus ist gedämpft. Gewarnt durch diese Erfahrung ziehst du Bahnen über den anderen Blumen. Doch ein zweites Mal überkommt dich dein Temperament, denn zu sehr locken dich die strahlenden Farben. Du fliegst eine neue Blüte an und merkst .... – wie du haften bleibst. Mit dem Einsatz deiner ganzen Kraft gelingt es dir im letzten Moment fortzukommen. In Panik suchst du eine dir bekannte Blume auf. Hier fühlst du dich sicher und geborgen. Ein Schwall von Gefühlen bricht aus dir heraus. Das Erlebnis hat dich schockiert, aber auch empört. Du bist irritiert und verspürst Angst. Eine Weile läßt du dich von den gewohnten Gerüchen umgarnen, lehnst dich an die schützenden Blätter und ruhst dich aus.

– – – –

Erinnere dich, du flogst als ein Schmetterling über eine sonnendurchflutete Wiese, und du fühltest dich leicht und unbeschwert. Während du dir gönnerhaft etwas Geborgenheit hast schenken lassen, ist in dir schon wieder die Sehnsucht nach anderen Düften und Farben gewachsen. Doch als du meinst, deine Sicherheit wiedererlangt zu haben, breitest du deine Flügel erneut aus. Mit dem Vorsatz, diesmal vorsichtiger zu sein, fliegst du eine neue Blüte an. Sie ist dezent in ihren Farben, aber ihrem vitalisierenden Duft kannst du nicht widerstehen. Verwirrende, unbekannte Regungen erfassen deinen Körper, und mit einer neu aufwallenden Sehnsucht läßt du dich auf der zartschimmernden Blüte nieder. Sofort versucht die Blume, dich mit ihren Blütenblättern zu umhüllen. Berauscht von nie gekannten Schwingungen, erkennst du die Gefahr erst im letzten Moment, doch gerade noch zur rechten Zeit. Voller Empörung erhebst du dich. Du willst dich nicht einengen und schon gar nicht einfangen lassen. Zu groß ist dein Wunsch, mehr zu sehen, Neues zu entdecken. Ein wenig schämst du dich, daß dir auch diese Erfahrung nicht erspart geblieben ist.

Doch nun faßt du einen Entschluß. Auf keinen Fall willst du jetzt noch mal in den Schoß deiner gewohnten Umgebung zurückkehren. Vielleicht später, wenn du ein Stück eigenes Leben gelebt hast und ihnen von deinen Erfolgen berichten kannst!

Du willst ab sofort alleine klarkommen, alles sehen, alles erforschen. Du fühlst, wie es in dir brennt, wie es dich beinahe zerreißt. Die Liebe strömt aus dir heraus in einer neuen, unbekannten Lebensfreude.

Anregungen für Eltern:
- Man könnte versuchen, über die Gefühle, die die Pubertät mit sich bringt, zu sprechen. Fragen, wie es Klassenkameraden und Freunden ergeht (oft ist es leichter, erst einmal über die Gefühle der anderen zu erzählen).
- Von der eigenen Zeit der Suche und Orientierung erzählen, um vielleicht Zugang zu den Gedanken des Jugendlichen zu bekommen.

Entspannungsgeschichten
zum Einschlafen

Die nachfolgenden Geschichten können Sie als eine Art von Gute-Nacht-Geschichten betrachten. In einem Teil von ihnen habe ich einfache und klare Bilder gewählt, um eine ausgiebige Entspannungsphase vor dem Einschlafen zu garantieren. Diese Geschichten eignen sich für Ihr Kind vor allem dann, wenn sein zurückliegender Tag voller Ereignisse war. Wenn Ihr Kind überdreht, noch nicht zum Schlafen zu bewegen ist, wenn sein Körper noch immer auf Hochtouren läuft, es immer wieder aufsteht und Ihnen den Feierabend und Ihre verdiente Ruhe zu rauben scheint.

Der andere Teil der Geschichten enthält eine Fülle von verschiedenen, phantasieanregenden Bildern. Sie verlangen zum einen ein hohes Maß an Konzentration, lassen zum anderen der eigenen Phantasie einen weiten Raum. Diese Geschichten eignen sich für Ihr Kind besonders dann, wenn sein Tag unausgefüllt und ein wenig langweilig war. Sie können Ihrem Kind mit diesen Geschichten noch ein wenig Zuwendung schenken, wenn Sie tagsüber wenig Zeit hatten. Doch auch diese Geschichten enden in einer Entspannungsphase und führen am Ende zu einem zufriedenen Hinübergleiten in den Schlaf.

Die Anregungen für Eltern am Ende der Geschichten sind Vorschläge, um sich am nächsten Tag vielleicht noch einmal mit der Geschichte und ihrem Hintergrund zu befassen.

Einfache
Entspannungsgeschichten

In den Dünen

Stell dir vor, es ist ein herrlicher warmer Sommertag. Du bist auf deiner Lieblingsinsel und streifst mit deinem Bruder oder deiner Schwester durch die Dünen. Der Sand unter euren nackten Füßen ist weich und warm. Ihr beobachtet die Leute in ihren Strandkörben, wie sie lesen und sich sonnen. Einige scheinen zu schlafen, kein Wunder, denn es ist Mittagszeit. Viele Urlauber sind zum Essen in ihre Hotels zurückgegangen. Es ist merkwürdig ruhig, kein Kindergeschrei oder -getobe wie noch vor wenigen Stunden ist mehr zu hören. Nur die gleichbleibenden Geräusche der heranrollenden Wellen des Meeres sind zu hören. Das Laufen im Dünensand strengt euch an. So laßt ihr euch schließlich erschöpft in den weichen Pulversand fallen und ruht euch wie alle Menschen am Strand ein wenig aus. Neben deinem Bruder (deiner Schwester) auf dem Rücken liegend, genießt du den warmen Sand unter dir und das Lachen der Sonne über dir. Nur mit einer Shorts bekleidet, fühlst du den weichen Sand auf deiner nackten Haut von unten und das zärtliche Streicheln der Sonnenstrahlen von oben. Es ist ein wohliges Gefühl, von dieser Wärme eingehüllt zu werden. Sie zieht durch deinen ganzen Körper, und Ruhe durchströmt dich dabei. Du hörst den rauschenden Singsang des Meeres, wie es die ungestümen Wellen auf den Strand schickt und dann wieder in seinem Schoß aufnimmt. Je mehr Ruhe dich durchströmt, um so leiser scheint dir das Rauschen zu werden. Du spürst deinen Atem und merkst, wie du ihn immer mehr dem Rhythmus der brandenden Wellen anpaßt, dem Ein- und Ausatmen des Meeres. Ruhig und gleichmäßig atmest auch du ein und aus und mit jedem Atemrhythmus entspannst du dich mehr. Du merkst, daß auch dein Bruder (deine Schwester) diesen Atemrhythmus angenommen hat und sich wie du zu entspannen scheint. Das freut dich und läßt dich in eine tiefe Schwere fallen. Dir ist warm und es geht dir richtig gut. Ein leichter Wind weht über deine Stirn und verschafft dir ein wenig angenehme Kühlung. Du bist nun ganz in dir, vollkommen ruhig und entspannt.

Anregungen für Eltern:
- Über den letzten gemeinsamen Urlaub sprechen und was von ihm in Erinnerung geblieben ist.
- Über die Gezeiten sprechen und warum sich im Laufe der Jahrzehnte die Strände immer wieder verändern.
- Über den Schutz von Dünen sprechen, über ihre Tier- und Pflanzenwelt.

Am Strand

Stell dir vor, du bist wieder auf deiner Lieblingsinsel. Während deine Eltern noch im Hotel ihre Koffer auspacken, zieht es dich an den Strand. Sie haben dir erlaubt, schon einmal loszugehen. Gehen? Du kannst das Meer riechen und es deshalb kaum erwarten, ans Wasser zu kommen. Du rennst! Als du dich den Dünen näherst, hörst du bereits die Brandung. Ob noch Flut ist? Ob die Leute noch baden? Du hältst nach der Fahne der DLRG-Station Ausschau. Nein, der weiße Fahnenmast ist nackt. Das macht nichts, denkst du, baden kann ich auch noch morgen. Inzwischen hast du die Dünen überquert und siehst den Strand vor dir liegen. Deine Schritte sind langsamer geworden, weil das Laufen durch den feinkörnigen Sand dich doch sehr angestrengt hat. Die Badezeit muß gerade beendet worden sein, denn die Wellen laufen noch relativ weit den Strand hoch. Auf den letzten hundert Metern, wo der Sand fester wird, wirst du nun doch noch einmal schneller. Endlich hast du es geschafft, du bist da. Sofort ziehst du deine Schuhe aus und rennst in die auslaufenden Wellen. Das Wasser an deinen nackten Füßen ist herrlich, gar nicht mal so kalt, wie du befürchtet hattest. Du krempelst deine Hosenbeine hoch, damit du noch ein Stück tiefer hineingehen kannst. Dann veranstaltest du ein Wettrennen mit den Wellen. Immer wenn sich eine große Welle dem Strand nähert und auf dem Kamm bricht, läufst du vor ihr her, bis sie sich ganz ausgelaufen hat. Das machst du einige Male, bis die Muscheln deine Aufmerksamkeit erwecken. Oh, wie wunderschön sie sind. Das hattest du ganz vergessen. Du hebst einige auf und betrachtest ihre Maserung im Sonnenlicht. Davon möchtest du mehr finden. Du gehst ein Stück den Strand entlang, den Kopf gesenkt, die Augen auf den Sand gerichtet. Plötzlich siehst du einen Krebs, doch bevor du ihn greifen kannst, ist er dir entwischt. Du entdeckst auch einige Quallen. Dann findest du eine ganz besondere Muschel. Du kennst ihren Namen nicht, du nennst sie einfach eine Hörmuschel. Ihr eines Ende ist gedreht und verschlossen, auf der anderen Seite hat sie ein großes Loch, an das man sein Ohr halten kann. So eine Muschel hast du dir immer gewünscht. Ob sie rauscht? Es scheint so. Um dir ganz sicher zu sein, läufst du ein Stück den Strand hoch und setzt dich in den Sand. Du hältst dein Ohr an die Öffnung, und wahrhaftig, was du vernimmst, ist wie das Singen des Meeres. Es scheint dir mehr als ein bloßes Rauschen, es ist, als ob du ein leises Lied vernimmst. Du bist begeistert und legst deinen Kopf auf den Sand. Das Laufen hat dich doch ein wenig angestrengt. Nun möchtest du dich eine kurze Zeit ausruhen, bevor du zum Hotel zurückgehst. Du schließt die Augen und saugst die salzige Meeresluft tief ein. Im Rhythmus der Brandung atmest du ein und aus. Die Sonne hat deine Füße getrocknet, und nun spürst du, wie deine Beine langsam unter ihren Strahlen wärmer werden. Die Musik der Muschel an deinem Ohr, träumst du vor dich hin. Du bist ganz ruhig und entspannt.

Du fühlst dich wohl.

Anregungen für Eltern:
- Über Quallen, Krebse und andere Meerestiere sprechen.
- Gesammelte Muscheln zusammen anschauen und bestimmen.

Tauchen

Du bist mit deinen Eltern in den Süden gefahren, um dort einen Teil deiner Ferien zu verbringen. Bisher habt ihr im Swimmingpool des Hotels gebadet, doch heute seid ihr endlich ans Meer gefahren. Welch ein Anblick! Noch niemals in deinem Leben hast du solche Blau- und Grüntöne und so klares Wasser gesehen. Auf deinen Wunsch hin fahrt ihr mit einem kleinen Ruderboot ein Stück hinaus zu einer kleinen Felsengruppe, wo deine Eltern baden wollen. Baden ist für dich nicht so wichtig. Seit eurer Abreise freust du dich auf das Schnorcheln. Du hattest es dir in deiner Phantasie bereits ausgemalt, doch was du jetzt im Wasser entdeckst, verschlägt dir glatt die Sprache. Nicht nur, daß du auch hier draußen bis auf den Grund sehen kannst, nein, die vielen bunten Fische sind einmalig schön. Schon gleitest du ins Wasser. Es ist angenehm warm. Sofort beginnst du zu schnorcheln. Ein Schwarm bunt schillernder Fische stiebt vor deinen Augen davon. Du verfolgst sie, wie ein Fisch schwimmend, in Richtung der Felsen. Je näher du den Felsen kommst, um so mehr Algen und grüne Pflanzen umgeben dich. Sie tänzeln im Wasser wie Seeschlangen. Da, ein großer, gelb gepunkteter Fisch. Oh, wie ist der schön! Und da ein schwarzweiß gestreifter. Du bist begeistert: Mit solch tollen Fischen hast du nicht gerechnet. Du nimmst dir vor, das nächste Mal deine Unterwasserkamera mitzunehmen. Als du bei den Felsen angekommen bist, legst du deinen Schnorchel ab. Nun willst du richtig tauchen. Vielleicht kommst du ganz runter, denn allzu tief scheint es hier nicht zu sein. Du holst tief Luft und stößt dich am Felsen ab. Du tauchst bis zum Grund. Dort schwimmst du wie ein Fisch entlang und entdeckst Korallen. Oh, wie wunderschön sie aussehen, wie kleine Bäume. Sie bewegen sich leicht, wie Bäume, die der Wind zärtlich streichelt. Unter dir bewegt sich der Sand.

Ein smaragdgrüner, länglicher Fisch schwimmt in einer Wolke von Sand davon. Sacht gleitest du noch ein Stückchen weiter, doch dann fordern deine Lungen Luft. Du stößt dich ab, um nach oben zu schwimmen und aufzutauchen. Oben angekommen, mußt du ganz schön nach Luft ringen. Das war toll, aber es hat dich auch angestrengt. Du kletterst zurück ins Boot und legst dich auf den Boden, um dich ein wenig auszuruhen, bevor deine Eltern vom Schwimmen um die Felsengruppe herum zurückkommen. Der Holzboden des Bootes hat sich in der Sonne aufgewärmt, auch dich werden ihre warmen Strahlen trocknen. Du schließt die Augen und versuchst zunächst einmal deine Atmung wieder in einen ruhigen, gleichmäßigen Rhythmus zu bringen. Auch dein Herz schlägt noch ziemlich aufgeregt. Doch nach und nach entspannst du dich. Deine Arme und Beine werden warm und schwer. Dein Atem geht ruhig. Du fühlst dich wohl, bist gelöst und ganz entspannt.

Anregungen für Eltern:
- Über Fische sprechen. Welche Fische gibt es im Süß-, welche im Salzwasser?
- Über das Schnorcheln sprechen. Können Kinder schon Tauchkurse machen?

Die Wanderung

Du bist mit deinen Eltern in die Berge gefahren, um ein ruhiges Wochenende außerhalb der Großstadt zu verbringen. Ihr wollt ein wenig wandern und euch ansonsten ausruhen. In der Pension hat man euch von einem tollen Wanderweg durch ein großes Waldgebiet erzählt. Du hast extra deine Bergstiefel mitgenommen und bist zunächst ein wenig enttäuscht. Du wolltest Berge hinaufklettern und nicht durch einen normalen Wald latschen. Doch als ihr unterwegs seid, änderst du schnell deine Meinung. Das ganze Waldstück ist auf felsigem Untergrund gewachsen, und es geht ständig bergauf und bergab. Du gehst voran, um den günstigsten Weg auszuprobieren, deinen Eltern zu sagen, wo sie am besten langgehen können, denn nur du hast das richtige Schuhwerk an. Was für ein Glück! Zunächst ist der Weg noch leicht begehbar. Umsäumt von hohen Tannen, Buchen und Lärchen, führt er jedoch bald stetig bergauf. Er wird zunehmend schmaler und erfordert die ersten Kletterkünste. Dann erreicht ihr eine erste Lichtung. Du nimmst einen großen Schluck Orangensaft aus einer Feldflasche und treibst deine Eltern zum Weitergehen an. Inzwischen macht dir die Wanderung schon richtig Spaß. Du hast dir einen großen stabilen Stock als Wanderstab zugelegt. Auf kleinsten Pfaden geht es nun an Büschen vorbei, die teilweise unangenehm stachelig sind. Auch müßt ihr mehrmals an verschiedenen Stellen einen schmalen Wasserlauf überwinden, um weiterzukommen. Du springst mit einem großen Satz hinüber, deine Eltern tun sich etwas schwerer. Schließlich bezweifeln sie, daß ihr noch auf dem richtigen Weg seid. Du weißt es nicht, es ist dir auch egal, denn die Hauptsache ist doch, daß man Freude hat, und die hast du auf jeden Fall. Doch dann geht es wieder nur noch bergauf, und ein Pfad ist nicht mehr genau auszumachen. Du kletterst die Felsen alleine hoch. Es geht prima mit deinen Schuhen. Oben angekommen, hast du eine tolle Aussicht. Du siehst einen Weg, den deine Eltern nehmen könnten, und beschreibst ihnen laut rufend, wie sie gehen müssen. Nach einigem Protest versprechen sie dir, den Weg zu suchen und auch nach oben zu kommen. So bist du jetzt erst mal allein. Du setzt dich auf einen großen Felsbrocken und genießt die Aussicht. Bis hinunter ins Tal kannst du schauen. Erst jetzt wird dir bewußt, wie hoch ihr eigentlich hinaufgewandert seid, und mit diesem Bewußtsein beginnst du auch schon deine Beine zu fühlen. Plötzlich glaubst du nämlich jeden einzelnen Muskel in den Waden zu spüren. Außerdem wird dir langsam warm in der Sonne. So ziehst du schließlich deinen Pullover aus, legst ihn dir unter den Kopf, als du dich auf dem Felsen langmachst, um ein wenig auszuruhen. Du schließt die Augen. Um dich herum ist es ganz still. Von deinen Eltern ist noch nichts zu hören. Die Ruhe durchströmt dich. Du atmest gleichmäßig ein und aus. Deine Beine sind schwer und müde. Eine wohlige Wärme durchströmt sie. Du bist gelöst und entspannt, es geht dir richtig gut.

> Anregungen für Eltern:
> • Sollte man in den Bergen nur ausgewiesene Wander-
>   wege benutzen?
> • Über das richtige Schuhwerk, die nötige Ausrüstung
>   sprechen. Was sollte man auf einer Wanderung dabei-
>   haben?

Drachenfliegen

Du hast sie doch sicher schon oft gesehen, diese buntbeflü-gelten menschlichen Insekten, die sich Drachenflieger oder Drachensegler nennen und bei schönem Wetter am Himmel schweben? Stell dir vor, du würdest selber so einen Drachen fliegen, oder wenn du etwas ängstlich bist, einen Drachen-flug auf dem Rücken eines erfahrenen Fliegers erleben. Du bist losgelaufen, hast dich von der Kante eines hohen Ber-

ges abgestoßen, und dann hat dich der Wind sanft in seine
ausgebreiteten Arme genommen. Er hat dich leicht hinauf-
gehoben. Nun gleitest du langsam durch die Luft. Du bist mit
dem Gestänge fest verbunden und fühlst dich sicher. Die Luft
rauscht um deinen Körper, doch dein orangefarbener Anzug
schützt dich vor dem frischen Luftzug. Du schaust dich um.
Zu deiner einen Seite sind noch weitere Bergketten, zur anderen Seite entdeckst du sanft geschwungene, grasbedeckte
Hügelflächen. Vor dir am Horizont kannst du einen hohen
Berg ausmachen. Er trägt eine weiße Kappe. Ob es Wolken
sind oder gar Schnee? Du schaust und schaust, du kannst
dich gar nicht satt sehen. Dein Blick wird von nichts festge-
halten, in nichts gedrängt oder eingebunden. Er ist frei, genau wie du, was dir jetzt immer mehr bewußt wird. Du bist
frei wie ein Vogel. Welch ein unbeschreiblich schönes Gefühl. Du gleitest ohne jede Angst durch die Luft, der ganze
Raum scheint dir zu gehören. Während du wie ein Vogel da-
hingleitest, entspannst du dich immer mehr. Es gibt nichts,
was dich belastet. Alles scheint klein und unbedeutend,
während du hoch über allem fliegst. Losgelöst von all der
Enge, die dich sonst umgibt, fühlst du dich fast ein wenig berauscht, denn dieses Gefühl von Freiheit ist unbeschreiblich
schön. Frei wie ein Vogel und doch den schützenden Himmel über sich wissend, umhüllt von Luft, in den Raum gebettet, erfaßt dich eine tiefe Ruhe und große Zufriedenheit.
Du bist vollkommen entspannt, und es geht dir richtig gut.

Anregungen für Eltern:
- Über das Drachenfliegen und Drachensegeln spre-
  chen.
- Gemeinsam überlegen, welche Wetterbedingungen
  dafür vorherrschen müssen, wie es möglich ist, ohne
  Motor lange in der Luft zu bleiben.

Auf dem Regenbogen

Weil es geregnet hat, mußtest du dein Spiel unterbrechen und ins Haus zurückgehen. Hier sitzt du nun am Fenster und beäugst sehnsüchtig den Himmel. Wird es bald zu regnen aufhören, wirst du noch einmal nach draußen zum Spielen gehen können? Du siehst dicke graue Wolkenbäusche zu deiner linken Seite. Doch was ist das? Auf der rechten Seite wird es schon heller. Ob die Sonne sich einen Weg durch die Wolken bahnen wird? Du frohlockst, denn du kannst bereits ein größeres Stückchen Blau ausmachen. Plötzlich reißt du begeistert deine Augen ganz groß auf. Ist das schön! Ein farbenprächtiger Regenbogen spannt sich über den Himmel. Und was das Erstaunliche ist, du siehst noch einen zweiten Regenbogen. So etwas Wunderbares hast du lange nicht mehr gesehen. Wenn sich die Sonnenstrahlen wie jetzt so farbenprächtig an den Regentropfen spiegeln, hast du wirklich nichts an einem solchen Wetter auszusetzen. Du schaust dir die Farbenbögen genauer an. Der erste, der dir weiter vorne erscheinende Bogen beginnt innen mit Violett, geht von Blau, Grün, Gelb, Orange bis ins Rot über. Erneut staunst du, denn du entdeckst, daß es beim zweiten Regenbogen genau umgekehrt ist. Er zeigt innen den rot-orangefarbenen Streifen, dann folgen Gelb, Blau-Grün und schließlich Violett. Warum das wohl so ist, überlegst du und beschließt, bei nächster Gelegenheit jemanden danach zu fragen. Ob deine Freunde die zwei Regenbögen jetzt ebenfalls beobachten? Ob sie wie du sehen, daß die kreisrunden, bunten Bögen sich bis hinunter zu den Wiesen am Horizont neigen? Als ob sie sagen wollten, komm mit, ich führe dich auf meiner Straße hoch in den Himmel hinauf. Such dir deine Farbe aus, bring deine Freunde mit, für jeden von euch gibt es auf mir einen farbigen Pfad. Und wenn ihr nicht laufen wollt, schnappt euch euer Skateboard, oder schnallt eure Skates unter. Das wäre toll, denkst du bei dir, auf In-Line-Skates den Himmel hinaufrasen! Du stellst es dir vor, indem du dir einen Regenbogen auswählst. Du entspannst dich und schließt die Augen, ohne deinen Regenbogen vor deinem inneren Auge zu verlieren. Nun suchst du dir einen der farbigen Wege aus, vielleicht in deiner Lieblingsfarbe, und beginnst, auf ihm mit deinen Skates zu fahren. Langsam und gleichmäßig schiebst du ein Bein vor das andere und gleitest Meter um Meter den Himmel hinauf. Dabei atmest du im Rhythmus deiner Fahrbewegung, ruhig und gleichmäßig. Du spürst die Nähe der Sonne, sie schenkt dir zu deinem leichten Fahrwind eine angenehme Wärme. Du fühlst dich von deiner Lieblingsfarbe umhegt und beschützt. Ein tiefes Wohlbehagen hüllt dich ein.

> Anregungen für Eltern:
> • Über das Phänomen des Regenbogens, seine Entstehung, seine Merkmale sprechen.
> • Welche anderen Wettererscheinungen gibt es, und wann sieht man sie?

Der Sonnenuntergang

Stell dir vor, du sitzt am Ufer eines großen Sees. Du schaust auf das Wasser und ruhst dich dabei aus. In deinen Gedanken läßt du die Ereignisse des zurückliegenden Tages noch einmal Revue passieren. Es war ein schöner Tag, an dem du viel erlebt hast. Du hast ihn mit Menschen erlebt, mit denen du gerne zusammen bist. Ihr habt euch gut verstanden, miteinander gelacht und euch über verschiedene Dinge gefreut. Weil ihr viel herumgelaufen seid, bist du jetzt auch etwas müde. Du spürst deine Beine, sie haben dich heute hierhin und dorthin geführt und sind deshalb schwer und möchten sich ausruhen. Auch die Sonne scheint sich langsam zurückziehen zu wollen. Es war ein herrlich warmer Tag, sie hat euch eine Menge ihrer sommerlichen Strahlen geschenkt. Nun verändert sie ihre Farbe. Während sie sich noch vor einigen Stunden als gelber Ball über den blauen Himmel bewegte, senkt sie sich, inzwischen orange geworden, langsam zum Horizont. Ihr schwächer werdendes Licht spiegelt sich in der Oberfläche des Sees und läßt das Wasser glitzern. Der Anblick des etwas silbrig glänzenden Wassers gefällt dir. Je länger du hinschaust, desto größer scheint dir der Ball der Sonne zu werden, je mehr scheint sich ihr orangefarbenes Aussehen in ein Rot zu verwandeln. Gebannt verfolgst du das Naturschauspiel. Es ist, als ob sich dein Blick in ihrem roten Farbpinsel festsaugt, als ob du in ein Feuer schaust und deine Augen nicht abwenden kannst. Inzwischen scheint dir der Himmel zu brennen. Dann taucht die Sonne in das Wasser und färbt dieses ebenfalls rötlich. Das Glitzern nimmt zu. Wie lange es wohl dauern mag, bis sie ganz eingetaucht ist? Immer mehr von der großen runden Scheibe verschwindet im See. Es ist ein wunderschönes Farbenspiel. Du fühlst dich von Farben umgeben, es ist, als würdest du selber in diese Farben hineintauchen. Eine tiefe Ruhe erfüllt dich. Wieder spürst du deine schweren Beine, die sich nun warm und müde anfühlen. Während die Sonne immer weiter in den See eintaucht, entspannst du dich immer mehr. Eine wohlige Zufriedenheit wächst in dir, du bist ganz gelöst und fühlst dich, von Farben umhüllt, gewärmt und geborgen.

Anregungen für Eltern:
- Über den Wechsel von Tag und Nacht sprechen.
- Über den Wechsel des Sonnenstandes im Laufe des Jahres sprechen.

Der Zauberbaum

Stell dir vor, du würdest einen Zauberbaum kennen. Es kann dein Lieblingsbaum sein, auf dem du oft mit deinem Freund sitzt, auf dem ihr gemeinsam Pläne schmiedet. Erinnere dich, wie du dich hoch oben in seinem Laubwerk versteckt fühlst, wie du andere Menschen beobachtest und es dir richtig gut geht. Es ist schön, einen Freund zu haben, mit dem man zusammen Ideen entwickeln kann, der einen versteht, dem man auch mal etwas anvertrauen kann. Selbst wenn du dich an manchen Tagen allein in eurer Baumhöhle aufhältst, macht es dir nichts aus. Du liebst diesen Baum. Seine Höhle im Blattwerk kennt niemand. Der Baum ist euer Geheimnis. Hier habt ihr euch die verschiedensten Sachen anvertraut und manchen Ärger von der Seele geredet.

Nun stell dir vor, du sitzt ein weiteres Mal allein in eurer Baumhöhle. Du läßt die Erlebnisse des vergangenen Tages noch einmal in deinen Gedanken vorbeiziehen. Einiges war gut, anderes hat dich geärgert. Wenn du den Tag noch einmal mit dem Wissen von jetzt beginnen könntest, würdest du dich ein wenig anders verhalten. Doch was geschehen ist, läßt sich nicht mehr ändern. Wir alle machen Fehler, und das ist gut so, denn wir wachsen an ihnen. Wir alle sind für unsere Mitmenschen auch manchmal unausstehlich, und selbst das ist nicht schlimm, wenn wir akzeptieren, daß jeder mal einen schlechten Tag haben kann. Doch manchmal fühlst du dich von den Erwachsenen regelrecht untergebuttert. Du bist wütend und möchtest ihnen ordentlich deine Meinung sagen. Du möchtest ihnen vielleicht deutlich machen, daß sie dich ernst nehmen sollen oder was du für ungerecht hältst. Doch irgendwie schaffst du es nicht, du fühlst dich ziemlich hilflos. Hier oben auf eurem Baum scheint es dir jetzt wieder alles ganz einfach. Du hast recht mit deinem Gefühl, denn in deinem Inneren verborgen wartet eine starke Persönlichkeit, die sich entwickeln möchte. Du spürst auch die Kraft, die von eurem Baum ausgeht, denn es ist ein Zauberbaum. Jedes Mal, wenn du einige Zeit hier oben verbracht hast, geht es dir besser, bist du erfüllt von Leichtigkeit, scheinen dir alle Aufgaben, vor die dich der Alltag stellt, lösbar. Du ahnst die verborgene Energie des Baumes, die deine Kräfte weckt und mobil macht. Deshalb hol sie dir auch jetzt. Versuch, dich ganz zu entspannen. Grübele nicht länger über Vergangenes, mach dir keine Gedanken über Zukünftiges. Versuch, dich ganz auf deinen Körper zu konzentrieren. Spür die Zuversicht, die sich langsam in deinem Inneren breitmacht. Nimm die Energie auf, die dir der Zauberbaum schenkt. Sie breitet sich in deinem ganzen Körper aus. Es gibt nichts, worüber du dir Gedanken machen solltest, es gibt nichts, was dich einengt. Du weißt um deine Stärke. Du glaubst fest an deine Kraft. Sie ruht in dir, sie macht dich sicher. Es ist ein gutes Gefühl, diese Kraft zu spüren. Du bist nun gelöst und vollkommen entspannt. Du fühlst dich frei und stark und voller Zuversicht.

Anregungen für Eltern:
- Darüber sprechen, welche Einflüsse die Natur auf unsere Stimmung haben kann.
- Gemeinsam überlegen, ob uns die Natur Energie schenken kann, welche Bedeutung Zimmerpflanzen für uns haben können, ob man sich, wenn man die Möglichkeit hat, einen kleinen Garten anlegen sollte?

Ein neuer Freund

Wie alle Kinder magst du Tiere sehr und hättest am liebsten einige von ihnen in eurer Wohnung. Doch das ist leider nicht möglich, und so kommst du weniger in Kontakt mit Tieren, als du eigentlich möchtest. Darüber bist du häufig ein wenig traurig. Doch wenn du dich umschaust, wird es sicherlich auch in deiner Umgebung in anderen Haushalten das eine oder andere Tier geben. Vielleicht solltest du einmal versuchen, Kontakt mit den Tierbesitzern aufzunehmen? Sie freuen sich eigentlich fast immer, wenn man sich für ihre Tiere interessiert, sich nach deren Entwicklung und Gesundheit erkundigt. Der eine oder andere Hundebesitzer wäre vielleicht sogar froh, wenn jemand mit seinem Hund spazierengehen würde. Hättest du nicht Lust dazu?

Stelle dir jetzt einfach mal vor, es gäbe solch einen Hund in deiner Nachbarschaft. Du hast seine Entwicklung schon länger verfolgt, und nun hat der Hundebesitzer dein Interesse bemerkt und dich gefragt, ob du nicht einmal mit seinem Hund spazierengehen möchtest? Und ob du das möchtest! Du freust dich riesig, denn du magst das Tier wirklich, und der Hund scheint dich auch zu mögen. Doch ob er so ohne sein Herrchen mit dir mitgehen wird? Er wedelt zwar mit dem Schwanz, doch schaut er immer wieder sein Herrchen erwartungsvoll an. Als dieser dir dann aber die Leine in die Hand drückt, versteht er eure Absicht sofort und bellt und rennt aufgeregt voraus. Du freust dich riesig, rufst ihn bei seinem Namen zurück, er läßt sich von dir die Leine ummachen, und schon geht`s los. Zu Anfang kommst du fast ins Laufen, so sehr zieht er an der Leine. Nachdem ihr einige Straßen hinter euch gelassen habt, läßt sein Tempo ein wenig nach, doch noch immer ist er aufgeregt. Er spürt, daß du mit ihm aus der Siedlung raus willst, zu den Wiesen und Feldern. Erst als ihr dort angekommen seid, wird er ruhiger, bleibt hier und dort mal stehen und schnüffelt herum. Du merkst, daß es ihm in diesem Gelände gefällt. Auch du kommst sonst häufig mit dem Fahrrad hierher, um Tiere zu beobachten oder mit einem Freund einfach nur rumzustrolchen. Es macht Spaß auf den Feldern und Wiesen, und häufig vergeht die Zeit wie im Fluge. Ob du den Hund jetzt von der Leine befreien kannst, ohne daß er dir wegläuft? Du möchtest es und wagst es auch, denn ihn noch länger angeleint zu lassen, ginge dir gegen den Strich. Und er läuft nicht weg. Doch weil du voller Freude und Energie bist, rennst du selber los. Du rufst seinen Namen, und schon folgt er dir. Als du einen Stock erblickst, hebst du ihn auf und wirfst ihn hoch durch die Luft. Eine ganze Zeitlang spielt ihr so zusammen: ein Stück um die Wette laufen, den Stock werfen und wieder holen lassen, wieder ein Stück um die Wette laufen usw., bis du dich lachend und völlig erschöpft ins Gras fallen läßt. Sofort ist der Hund bei dir und legt sich zu dir. Er bettet seinen Kopf in deinen Schoß und läßt sich von dir streicheln. Du freust dich. Wenn du auch ein wenig müde bist, hast du doch das Gefühl, lange nicht mehr so glücklich gewesen zu sein. Du schließt die Augen, um dieses schöne Gefühl noch intensiver wahrzunehmen. Jetzt, wo du weißt, daß du einen neuen Freund hast, fühlst du dich geborgen und vollkommen zufrieden. Eine tiefe Ruhe strömt durch deinen Körper.

Anregungen für Eltern:
- Das Kind von seinen Lieblingstieren erzählen lassen.
- Gemeinsam überlegen, ob die Anschaffung eines Tieres sinnvoll ist und was zur Betreuung und Pflege eines Tieres dazugehört.
- Gemeinsam überlegen, wie Ihr Kind Kontakt zu möglichst vielen Tieren bekommen kann.

Der Stein

Stelle dir vor, du stromerst durch deinen Lieblingswald. Wieder einmal spürst du unter deinen Füßen den federnden Waldboden. Welch ein herrliches Laufen! Kein Beton, kein Asphalt, kein Stein unter deinen Sohlen. Und erst die Luft! Keine Abgase vorbeisausender Autos, keine Luftverunreinigungen durch Dämpfe oder Rauchwolken aus Fabrikschornsteinen, die dir Kopfschmerzen bereiten. Du riechst den Duft des Waldes, das würzige Aroma des feuchten Bodens, die Ausdünstungen des Holzes, den harzigen Geruch von den Bäumen, die etwas schwüle Luft der die Feuchtigkeit ausatmenden Blätter. Für dich ist es ein angenehmes Duftgemisch, das dir Wohlbehagen bereitet. Während du läufst, schaust du um dich. Du siehst hohe, schlanke Bäume neben dicken, knorrigen Stämmen, über dir dichte Kronen aus Laub und fühlst dich beschützt von ihrem Dach aus Blättern.

Mal durchquerst du ein Dickicht und bist inmitten von Laub, Ästen und Blättern. Die Zweige schlagen gegen deine Beine, die Blätter streifen dich im Gesicht, während du dich wie ein Dschungeljäger durch das Geäst kämpfst. Ein anderes Mal stehst du plötzlich auf einer sonnendurchfluteten kleinen Lichtung. Du balancierst über einige abgeholzte Baumstämme und beobachtest eine Zeitlang emsig krabbelnde Käfer unter sich ablösender Baumrinde. Dann stromerst du weiter, auf einem breiteren Weg, bis du dir schließlich erneut einen schmalen Pfad durch ein weiteres Dickicht suchst. Als deine Umgebung lichter wird, der Boden unter dir noch weicher, weißt du, daß du dich dem kleinen Waldsee näherst. Schließlich steht du an seinem Rand und schaust auf das im Sonnenlicht glitzernde Wasser. Es ist herrlich hier. Du liebst diesen Platz, und wann immer du Zeit hast, kommst du hierher, um dich zu entspannen und deinen Gedanken nachzuhängen. So auch jetzt, wo du dich auf den moosigen Boden legst und die Augen schließt. Du nimmst einen tiefen Atemzug und schickst die herrliche Waldluft ganz tief in deinen Körper, bevor du wieder ausatmest. Dann greifst du nach deinem Stein in der Hosentasche. Du hast ihn letztes Jahr bei einem Spaziergang hier im Wald gefunden, und er hat dir Glück gebracht. Seitdem trägst du ihn bei dir. Doch weil du vieles in deiner Hosentasche verwahrst, erinnerst du dich häufig erst hier wieder an ihn. So wie jetzt. Während die milden Sonnenstrahlen deine Beine schwer und müde machen, nimmt der Stein in deiner Hand langsam die Temperatur deines Körpers an. Der Moment, in dem du dir etwas wünschst. Wie immer sind es kleine Dinge, denn du möchtest das Glück nicht aufs Spiel setzen, das dir dieser Stein bringt. Du glaubst an seine Kraft und weißt, daß dir alles ein wenig leichter fällt, solange du ihn bei dir hast, daß du dir einiges mehr zutraust, daß du nicht so schnell aufgibst. Auch jetzt wünschst du dir etwas. Es hat mit den kommenden Tagen zu tun, mit dem, worüber du dir Gedanken machst, was dich vielleicht sogar ein wenig bedrückt. Du wünschst dir, daß der Stein dir Kraft gibt und dir helfen wird. Nun, nachdem du deine Gedanken über deine Körperwärme in den Stein geschickt hast, merkst du, wie du dich langsam immer mehr entspannst. Eine wohlige Wärme durchströmt dich. Du bist umgeben von tiefer Stille, und auch dich erfüllt eine große Ruhe. Du bist gelöst und vollkommen entspannt.

Anregungen für Eltern:
- Gemeinsam überlegen, ob uns Dinge, wenn wir an sie glauben, Glück bringen können.
- Über Steine und ihre Heilkräfte sprechen.

Die Blumenwiese

Stell dir vor, es ist ein herrlich warmer Sommertag. Du läufst über eine große, weite Wiese. Der Boden unter dir ist weich, er federt bei jedem deiner Schritte. Plötzlich hast du Lust, deine Schuhe auszuziehen. Du möchtest das weiche, biegsame, sonnenwarme Gras unter deinen Füßen spüren. Im ersten Moment kitzelt es ein wenig unter deinen Fußsohlen, aber dann empfindest du ein richtiges Wohlbehagen. Du hast das Gefühl, erst jetzt richtig mit der Natur verbunden zu sein. Du meinst, zu ihr zu gehören, ein Teil von ihr zu sein.

Du schaust dich um. Die weite, große Wiese mit ihren bunten Sommerblumen gefällt dir sehr. Welch eine Farbenpracht! Du beschließt, dieses phantastische Bild nicht zu vergessen, es bald einmal mit deinen vielen bunten Stiften zu malen. Es sind schöne, leuchtende Farben, Blumen verschiedenster Art. Du kennst viele ihrer Namen nicht, doch wo du auch hinschaust, gefällt dir mal diese, mal jene. Sie umwerben dich mit ihren Farben, als wärst du ein Schmetterling, und du kannst dich ihrem Zauber nicht entziehen. Er bewegt etwas in dir, was dir nicht fremd ist, aber was lange nicht mehr da war. Es ist ein Gefühl, das unendlich schön ist, ein Gefühl von Weite, Ungezwungenheit, von tiefem Glück und innerer Freude. Du spürst dich von einer unendlichen Wärme umgeben und bekommst Lust, dich ins Gras zu legen. Jetzt, da du im Gras liegst, hörst du, wie es um dich herum summt und schwirrt. Bienen und andere Insekten scheinen wie du gefangen vom Zauber der Farben, betört von der Artenvielfalt und ihrer Schönheit. Du schaust hinauf zum Himmel mit seinen kleinen weißen Schönwetterwolken, die sein Blau erstrahlen lassen. Vor deinen Augen fliegt ein Schmetterling vorbei. Er scheint fast ein wenig in der Sonne zu schaukeln. Er ist pastellfarben, seine Zeichnung prächtig.

Er gefällt dir. Du drehst deinen Kopf ein wenig zum Gras. Es duftet erdig und frisch, und seine Sommerwärme durchströmt dich. Wie eine Decke hüllt es deinen Körper ein. Aus der Erde fließt ein Strom durch deinen Körper, dessen Kraft in dich dringt. Während dich von unten die Kraft durchströmt, fühlst du von oben das Licht. Es dringt durch alle deine Poren. Du fühlst die Helle in dir, ein riesiges Gefühl von Weite. Umgeben von tiefer Ruhe und einer unendlichen Wärme bist du nun gelöst und vollkommen entspannt.

Anregungen für Eltern:
- Über Schmetterlinge und Insekten sprechen.
- Welche Wiesenblumen gibt es, und warum sieht man so wenige von ihnen in unseren Gärten?

Die Erinnerung

Erinnere dich an eine Person, die dir viel bedeutet hat. Sie ist jetzt bei dir, obwohl sie eigentlich vor längerer Zeit von euch gegangen ist. Doch du kannst sie sehen und spüren. Oft schon hat sie deinen Alltag begleitet – vor allem immer dann, wenn es dir schlecht ging oder wenn du unglücklich warst, war sie in deiner Nähe. Auch jetzt fühlst du die Nähe dieser Person. Du siehst diesen Menschen vor dir und meinst, ihn anschauen zu können. Du siehst das Gesicht, die Augen, die Nase und den Mund, und du magst alles, was du siehst. Du magst das Lächeln und die freundliche Zuwendung, die Zärtlichkeit in den Augen, und du fühlst die Weichheit und Sanftmut in seinem Gesicht. Wenn dieser Mensch bei dir ist, geht es dir schnell wieder gut. Manchmal, wenn du ihn besonders brauchst, kommt er auch in deinen Träumen zu dir. Dann setzt du dich wieder auf seinen Schoß, weil du ihm nahe sein möchtest. Er streicht dir sanft über das Haar, und du legst deine kleine Hand in seine große. Sie ist warm und hält dich fest. Du lehnst dich an seine Brust und fühlst dich beschützt. Dein Bedrücktsein und der Druck in dir verschwinden schnell. Sie scheinen sich völlig aufzulösen. Es ist, als würde deine Seele zärtlich gestreichelt. Du fühlst dich geliebt und aufgehoben. Mit einem Mal geht es dir wieder gut, du bist zuversichtlich und glaubst an dich. Weil du dich wieder glücklich fühlst, hältst du aber noch an deinen Erinnerungen fest und träumst von Dingen, die ihr gemeinsam erlebt habt. Dein Unterbewußtsein sucht aus seinem unendlichen Vorrat an Bildern und Gedanken die heraus, die dein trauriges Herz wieder froh stimmen. Es schickt dir Träume, in denen du mit der Person, die du so lieb gehabt hast, besonders glücklich warst. Dein Unterbewußtsein mischt deine Erinnerungen, deine Wünsche und Sehnsüchte farbenprächtig wie ein Kaleidoskop. Es sorgt dafür, daß deine Seele sich wieder entspannt, daß du sie in den nächsten Tagen wieder wie früher baumeln lassen kannst. Versuche auch du, dir jetzt aus deinem großen Vorrat schöne Bilder und Gedanken herauszusuchen, damit du zufrieden und voller Zuversicht für morgen in einen erholsamen, tiefen Schlaf gleitest.

Anregungen für Eltern:
- Darüber sprechen, daß es Menschen gibt, die fest daran glauben, daß die Toten unter uns weilen.
- Gemeinsam überlegen, ob nicht ein Teil der Verstorbenen in uns weiterlebt, ihre einstige Liebe uns Kraft und Energie geben kann?

Anspruchsvolle Entspannungsgeschichten

Auf dem Jahrmarkt

Wie hast du dich auf den Jahrmarkt gefreut! Einmal im Jahr kommt er für zwei Wochen auch in eure Stadt. Seit Tagen bist du aufgeregt, heute ist es endlich soweit. Du darfst mit deinem Freund dorthin. Schon von weitem könnt ihr die Geräuschkulisse von den Karussells hören. Je näher ihr kommt, desto lauter wird die Musik, desto eindringlicher vernehmt ihr die Motoren der Fahrgeschäfte, und desto mehr versteht ihr vom Inhalt der aufpeitschenden, animierenden Stimmen der Schausteller. Und dann ist er wieder da, dieser Duft, den du über alles liebst. Der von gebrannten Mandeln, Waffeln, Rostbratwürstchen, Kräuterbonbons, Liebesäpfeln und Türkischem Honig. Du kannst dich gar nicht daran sattriechen, so himmlisch gut empfindest du all diese Düfte.

Es dauert nicht lange, und ihr beiden schiebt eure Münder in die klebrigsüße, wolkenweiche, himbeerrote Masse aus Zuckerwatte. Eure Augen wandern von Karussell zu Karussell, die bunten blinkenden Lichter fordern euren Blick immer wieder auf, weiterzuschauen, nichts zu übersehen. Ihr verfolgt die Karussells, wie sie sich um ihre eigene Achse drehen, wie sie sich in luftige Höhen hinaufschwingen, wie ihre Gondeln schweben, sich auf den Kopf stellen, hinuntersausen in die Tiefe. Ihr beobachtet die vielen Menschen, jene, die ihren Freunden zuwinken, andere, die sich vor

Vergnügen biegen und lachen oder laut kreischen, und schließlich die, die sich mit verzerrten Gesichtern festhalten und die Augen schließen, vielleicht ein Stoßgebet zum Himmel schicken.

Vor der Geisterbahn verweilt ihr länger, amüsiert euch über die gespenstischen Figuren, die gruselige Fratzen schneiden und doch von nahem nichts weiter als buntbemaltes Pappmaché sind. Ihr schließt Wetten ab, mit welchen Gesichtern die Menschen am Ende ihrer Fahrt aus dem Schlund der Geisterbahn wieder auftauchen. Doch schließlich habt ihr genug vom Schauen und Beobachten. Jetzt wollt ihr selber etwas erleben. Längst steht fest, welche Karussells auf eurer Hitliste stehen. Und ihr probiert sie eines nach dem anderen aus. Zwischendurch sorgt ihr nochmals für euer leibliches Wohl, gönnt euch einen Liebesapfel und eine Waffel mit reichlich Kirschen drauf und schließlich, nach all dem Süßen, ein paar Rostbratwürstchen. Am Ende eures Jahrmarktbesuches steigt ihr schließlich in das Riesenrad. Die Gondel bringt euch hoch hinauf und bleibt, wie ihr es euch gewünscht habt, an der höchsten Stelle für eine Weile stehen, weil unten Fahrgäste zusteigen. Ihr könnt eure ganze Stadt überblicken, findet nach einigem Hin und Her sogar eure Wohnstraße und eure Schule. Doch dann schaut ihr euch noch einmal alle Karussells auf dem Jahrmarkt an, in denen ihr gewesen seid. Wie klein und ungefährlich sehen sie von hier oben aus, ihr versteht euer leichtes Bauchkribbeln nicht mehr. Nach dieser letzten interessanten Fahrt mit dem Riesenrad ist nicht nur euer Geld alle, ihr stellt auch fest, daß ihr mehr als drei Stunden auf dem Jahrmarkt wart. Jetzt wird es aber Zeit, nach Hause zu fahren. Es war ein einmaliges Erlebnis, das du nicht so schnell vergessen wirst.

Am Abend vor dem Einschlafen läßt du noch einmal alles Erlebte Revue passieren. Du spürst das dreistündige Herumlaufen auf dem Jahrmarkt nun in den Beinen. Sie werden dir schwer. Unter deiner kuscheligen Bettdecke durchströmt deinen Körper bald eine wohlige Wärme. Sie entspannt dich, du fühlst dich umhüllt und geborgen. Während die Bilder vom Nachmittag noch einmal wie ein Film vor dir ablaufen, wirst du langsam müde. Schließlich verblassen auch sie. Du fühlst eine tiefe Ruhe in dir.

Anregungen für Eltern:
- Erzählen, wie der Jahrmarkt früher war und wie er sich im Laufe der Jahrzehnte verändert hat.
- Gemeinsam überlegen, wie die Kinder, die von Jahrmarkt zu Jahrmarkt ziehen, leben, wo sie zur Schule gehen usw.
- Überlegen, ob es nicht auch Spaß macht, ohne Geld über den Jahrmarkt zu laufen?

Die Schlittenfahrt

Stell dir vor, es ist Winter, und es liegt viel Schnee. Du bist mit deiner Familie in die Berge gefahren, und während deine Eltern Langlauf machen, willst du mit deinem Bruder (deiner Schwester) rodeln. Ihr seid unterwegs zu einem weithin bekannten, tollen Rodelberg. In warme Schneeanzüge mollig verpackt, mit dicken wattigen Fäustlingen an den Händen, zieht ihr eure Schlitten durch den lockeren Pulverschnee und hinterlaßt eine neue Spur in der scheinbar unberührten Winterlandschaft. Es ist fast still um euch herum. Die großen Tannen mit ihren weißen, spitzen Zipfelmützen schweigen anmutig, um die Tiere des Waldes nicht in ihrem Winterschlaf zu stören. Nur das leise Knirschen der Sohlen eurer Winterstiefel auf dem Schnee ist dann und wann zu hören und auch das leise Dahingleiten der Schlitten. Doch eigentlich ist es für euch Großstadtkinder so still, daß ihr meint, jedes Ein- und Ausatmen von euch beiden zu hören. Inzwischen geht es ein wenig bergauf, und euer Atem ist auch aus diesem Grunde wie eine kleine weiße Fahne weithin sichtbar. Doch in dieser klaren Luft macht jede Anstrengung Spaß. Als ihr den Rodelberg erreicht habt, fallt ihr euch glücklich in die Arme. Der lange Aufstieg ist vergessen, eine tolle Strecke auf der anderen Seite des Berges liegt vor euch. Die Abfahrt ist keineswegs steil, scheint dafür aber unendlich lang zu sein. Es gibt eine Kurve, und das Ende ist deshalb nicht zu sehen. Etwas erschöpft laßt ihr euch auf eure Schlitten fallen. Wer zuerst? Ihr schaut euch an, und dann spontan und ohne Absprache faßt ihr euch bei der Hand, und los geht's den Hang hinab mit einem Aufschrei der Freude! Zunächst fahren eure Schlitten noch gemütlich, doch allmählich wird eure Fahrt ein wenig schneller. Dein Schlitten scheint ein wenig besser im Schnee zu liegen, du gewinnst an Vorsprung gegenüber deinem Bruder (deiner Schwester). Der Schnee stiebt dir ins Gesicht, doch das stört dich nicht. Jetzt geht es in die Linkskurve. Du bremst deine Fahrt ein wenig mit den Füßen, um den Schlitten besser lenken zu können. Das hat geklappt, du schaust nach vorn und siehst etwa zweihundert Meter entfernt das Ende des Rodelberges. Schon jetzt wird zu deinem Bedauern die Strecke flacher. Aber dadurch läßt deine Anspannung nach. Du atmest tief durch und wirst ruhig, weil es keine Ungewißheit mehr gibt. Dein Bruder (deine Schwester) fährt nun wieder neben dir. Er (sie) lacht dir zu. Jetzt genießt du die Fahrt in vollen Zügen. Langsam verringert sich dein Tempo. Immer langsamer wird dein Schlitten. Eine wohlige Wärme steigt in deinem Körper auf, und dein Atem geht ruhig und gleichmäßig. Du fühlst dich wohl und entspannt.

Anregungen für Eltern:
- Überlegen, warum viele Leute lieber im Winter in den Urlaub fahren als im Sommer.
- Welche Tiere halten einen Winterschlaf? Soll man den anderen Tieren Futterstellen einrichten?

Der Zirkus

Stell dir vor, du sitzt noch einmal in einer der letzten Zirkusvorstellungen in eurer Stadt. Schließe die Augen, um besser in die Atmosphäre des Zirkuszeltes hineinzukommen. Es ist dunkel, und um dich herum ist knisternde Spannung, denn jeden Moment wird es losgehen. Riechst du diese einmalige Zirkusluft? Ein Gemisch aus Sägemehl, den Ausdünstungen von Pferden, Elefanten, Raubtieren und Dromedaren, vermischt mit süßlichen Gerüchen nach Cola, Waffeln, Popcorn und vielem mehr? Doch horch, jetzt geht es los! Die Scheinwerfer richten ihre Lichter auf die Zirkuskapelle, während die berühmte Zirkusmelodie, von Trompeten und Posaunen geblasen, ertönt. Jetzt siehst du, wie ein anderer Scheinwerfer sein Licht auf den riesigen blauen Samtvorhang richtet und aus seinem Faltenwurf der Direktor heraustritt. Unter donnerndem Applaus betritt er die Zirkusarena. Seine blauweiße Uniform und der schwarze Zylinder stehen ihm prächtig. Durch das Mikrofon begrüßt er seine kleinen und großen Gäste. Unmittelbar danach öffnet sich der Vorhang, und in einem atemberaubenden Tempo füllt sich der Innenraum mit trabenden weißen Pferden. Du bist begeistert von diesen wunderschönen Tieren, die auf ihren Köpfen einen Federschmuck in den Farben des Zirkus tragen. Es scheinen immer noch mehr zu kommen, doch die letzten tragen jetzt einige Reiterinnen, die sofort mit ihren Kunststücken auf dem Rücken der Pferde beginnen. Sie umrunden die Arena kniend oder stehend, machen Handstand oder Brücken oder lassen sich seitlich an ihrem Pferd herunterhängen. Dann springen sie auf andere Pferderücken und stellen sich zu Pyramiden zusammen. Es ist toll, und immer wieder klatscht das Publikum und du begeistert mit ihm. Genauso schnell, wie sich die Zirkusarena mit den Pferden gefüllt hat, ist sie auch wieder leer, und scheinbar hereingestoßen werden zwei lustig geschminkte Clowns. Sie sind gekleidet, wie du sie liebst, mit bunten Pluderhosen und viel zu großen Schuhen, über die sie mit Vorliebe stolpern. Sie haben allerhand an Gerätschaften mitgebracht, wie eine Leiter, Farbeimer, Stapelkisten und eine große weiße Pappwand. Ehe du dir alles genau anschauen kannst, sind die beiden schon voll in Aktion. Einer liegt bereits auf der Nase, da er die Leiter des anderen ins Kreuz gekriegt hat, als dieser sich umdrehte, weil er nach ihm rief. Das Ganze geht noch ein paarmal so, und das Zirkuszelt ist erfüllt von schallendem Kinderlachen. Dann bemüht sich einer der Clowns, die aufgestellte weiße Pappwand zu streichen. Doch je mehr er sich bemüht, desto mehr geht schief. Der andere scheint nicht mal zum Festhalten der Utensilien in der Lage zu sein, er scheint weder zu begreifen, was man von ihm will, noch reagiert er auf das Schreien der Kinder aus dem Publikum. Du amüsierst dich köstlich und mußt immer wieder aus vollem Herzen lachen. Als die Pappwand schließlich immer noch weiß ist, aber alle Farbeimer durch Mißverständnisse und Ungeschicklichkeit auf dem Boden ausgeleert worden sind, werden die beiden vom Zirkusdirektor unter tosendem Beifall zurückgepfiffen. Helfer stürzen herein und bauen einiges Gerät auf. Durch den ein wenig offenstehenden blauen Samtvorhang siehst du einen Rüssel und jubelst innerlich auf. Die Elefantennummer wird die nächste sein. Schnell nimmst du noch einige Hände voll Popcorn zu dir, und dann ist es auch schon so weit. Die Kapelle spielt einen Tusch, dann folgt ein mächtiger Trommelwirbel, der Vorhang öffnet sich, und die Elefanten kommen herein. Beinahe gemächlich ist ihr Einmarsch im Verhältnis zu dem der Pferde am Anfang. Doch es ist auch kein Wunder, bei solchen massigen Körpern. Erstaunlich geschickt aber wissen sie mit ihren klobigen Leibern umzugehen, und das ist, was du so an ihnen liebst. Du zählst die Elefanten, während sie sich mit allen vier Beinen auf ein kleines rundes Podest stellen. Der Dompteur knallt mit der Peitsche, und einer nach dem anderen richtet sich auf, um nur noch von seinen zwei Hinterbeinen getragen zu werden. Nur ein kleiner Elefant spielt nicht mit. Er scheint derjenige in der Gruppe zu sein, der immer alles falsch macht, der nichts begreift und dennoch den größten Beifall kriegt. Auch du magst ihn, vielleicht gerade deshalb, weil du weißt, wie schwer ihm diese Rolle möglicherweise fallen muß. Immer wieder richtet sich die Aufmerksamkeit des Dompteurs auf ihn, und dabei möchte er doch spielen. Er sucht mit seinem Rüssel anscheinend Kontakt zu seiner Mutter oder hält sich mit ihm an ihrem Schwanz fest. Du findest die Elefantennummer ganz toll, und auch als sie längst vorbei ist und die Trapezkünstler die Arena betreten, denkst du immer noch an die Elefanten. Wenn überhaupt, kann ihre Vorstellung nur noch von den anderen Tiernummern übertroffen werden. Doch diese stehen erst nach der Pause auf dem Programm. So träumst du derweil noch ein wenig von den Elefanten, während sich über deinem Kopf die Trapezkünstler von einer Seite der Arena zur anderen schwingen. Du schließt abermals die Augen und entspannst dich ein wenig. Während die Kapelle eine langsame Musik spielt, siehst du dich die Arena langsam auf einem Elefantenrücken umrunden. Die Bewegungen des Elefanten sind gemächlich und gleichmäßig. Langsam geht es Schritt für Schritt immer im Kreis herum, und dein müder Körper bewegt sich rhythmisch auf und ab, die Bewegungen des ledernen Dickhäuters annehmend. Es ist ein entspannender Ritt und ein herrliches Gefühl, so hoch oben auf einem Tier zu sitzen. Du bist glücklich, und deinen ganzen Körper durchzieht eine große Welle tiefen Wohlbehagens.

Anregungen für Eltern:
- Sich die Eindrücke eines Zirkusbesuches von Ihrem Kind erzählen lassen.
- Überlegen, ob es nicht lieber häufiger und deshalb vielleicht eher nur die kleinen Zirkusveranstaltungen besuchen möchte?

Im Vergnügungspark

Stell dir vor, du bist wieder im Vergnügungspark, der dir bei unserem letzten Besuch so gut gefallen hat. Doch diesmal bist du ohne uns da, vielleicht mit einem deiner Freunde oder auch allein, wie du es möchtest. Keiner drängt dich, keiner erwartet dich ungeduldig, du kannst jedes Karussell, jede Attraktion so lange und so oft hintereinander genießen, wie du möchtest. Ist das nicht toll? Ich gebe dir jetzt lediglich ein paar meiner Erinnerungen mit auf den Weg, damit du dann deinen Besuch nach deinen Vorstellungen gestalten kannst, um danach entspannt und vollkommen zufrieden einschlafen zu können.

Die erste Attraktion, die mir einfällt, ist ein Fahrgeschäft, das mir einmal besonders durch seine Aufmachung gefallen hat. Wir saßen zusammen in großen blauweiß gemusterten Tassen, die auf gleich gemusterten Tellern standen. Zum einen bewegten wir uns in unserer Tasse, ich glaube durch unsere eigene Aktivität, zum anderen drehte sich der Teller, auf dem die Tasse stand, und dann natürlich das ganze Porzellankarussell. Es war toll, nicht wahr? Dann haben wir eine Fahrt in einem Flugzeug gemacht, das sich immer wieder hoch und runter bewegte, während es mit dem ganzen Karussell seine Runden drehte. Wie bei jedem Kirmesbesuch konnten wir nicht auf die Krake verzichten und die Wildwasserbahn. Erinnere dich, es war ein herrlich warmer Sommertag, und das hochaufspritzende Wasser war eine wahre Wohltat. Auch das Eis schmeckte uns herrlich, während wir uns überlegten, ob wir wirklich die Fahrt in den Bergstollen riskieren sollten. Frisch gestärkt haben wir uns ein Herz gefaßt, und es war ein einmaliges Erlebnis. Wenn mich nicht alles täuscht, haben wir, kurz bevor der Park schloß, diese Fahrt noch einmal wiederholt, nicht wahr? Du warst jedenfalls begeistert, als unser Kohlenwaggon zwischen zwei Stollen einige scharfe S-Kurven durchfuhr. Begeistert winkend, hast du deinem Vater einen tollen Schnappschuß für sein ständig suchendes Fotoauge geliefert. Ich glaube, die Fahrt durch den Bergstollen hat dir besser als jede bisherige Fahrt mit der Achterbahn gefallen.

Doch wir sind nicht nur durch ein phantastisch hergerichtetes Gebirgsgelände gefahren, sondern auch durch einen Dschungel. Wir saßen in einer bunten Dschunke mit einem Drachenkopf am Bug und fuhren durch schmale Wasser-läufe, an deren Ufer die verschiedensten Tiere und einhei-mische Krieger, Arbeiter, Medizinmänner, Tänzer und viele andere Menschen zu sehen waren. Auch aus dem Wasser tauchten plötzlich Tiere auf und verschwanden, sobald unser Boot ihnen das Heck zukehrte. Natürlich waren alle diese Menschen und Tiere künstlich, und dennoch sahen sie ziemlich echt aus. Auch viele der exotischen Pflanzen schienen mir aus Plastik, doch es störte die Atmosphäre in kei-ner Weise. Dich hat die Dschungelfahrt auch sehr begei-stert. Dann machten wir eine Fahrt durch einige Jahrhun-derte unserer Geschichte, ein einzigartiges Erlebnis, was die Vielfalt an Eindrücken betraf. Während sich unser Wagen langsam durch unterirdische Gänge bewegte, konnten wir beobachten, wie früher in Handwerksbetrieben und auf den Feldern gearbeitet wurde. Wir sahen, wie ein großes Schiff einen Eisberg rammte, wurden Zeugen einer Schlacht, die in die Geschichte eingegangen ist, und vieles mehr. Gut gefallen hat dir auch die Fahrt mit der Geisterbahn, an deren Einzelheiten ich mich heute weniger erinnern kann. Wie geht es dir? Welche Fahrten sind dir besonders in Erinnerung geblieben, welche haben in dir einen bleibenden Eindruck hinterlassen? Vielleicht hast du Lust, dir die eine oder andere Fahrt noch einmal genauer ins Gedächtnis zurückzurufen und sie ein weiteres Mal nachzuleben, während du dich immer mehr entspannst und dich frei und gelöst fühlst. Ich lasse dich jetzt mit deinen Gedankenbildern alleine und hoffe, daß du viel Freude bei deinem Herumstromern hast. Bald danach wirst du in einen tiefen, erholsamen Schlaf fallen und morgen voll neuer Kraft und Zuversicht sein.

Anregungen für Eltern:
- Über gemeinsame Besuche in Ferien- und Freizeitparks sprechen.
- Erinnerungen zusammentragen und vorhandene Fotos gemeinsam anschauen.
- Zusammen Pläne für künftige Besuche schmieden.

Im Zoo

Stell dir vor, du bist wieder einmal in einem Zoo, der dir besonders gut gefallen hat. Im Gegensatz zu sonst besuchst du diesen Zoo nach meiner Einführung alleine oder mit einem deiner Freunde, wenn es dir besser gefällt. Doch bald ist niemand mehr da, der dich auffordert weiterzugehen, der dir sagst, nun haben wir diese Tiere aber lange genug angeschaut. Du allein kannst bestimmen, wie lange du vor welchem Käfig verweilst und ob du Tieren, die dir nicht liegen, überhaupt Beachtung schenkst. Ich gehe jetzt nur ein Stückchen mit dir in den Zoo hinein, um dir einiges in Erinnerung zu rufen, und lasse dich dann alleine weiterströmern. Doch zunächst solltest du dich ein wenig entspannen. Schließe deine Augen, und versuche, dir Bilder von dem zu machen, was ich dir erzähle. Es ist ein warmer Sommertag, und es geht dir gut. Du bist voller Energie und rennst gleich, nachdem wir den Zoo betreten haben, zu den Robben und Seehunden. Hier soll es nämlich zur vollen Stunde eine Fütterung geben, und die möchtest du nicht verpassen. Und siehe da, schon betritt ein Tierpfleger das Areal und nähert sich mit zwei Eimern dem Bassin. Nach und nach holt er aus ihnen Fische heraus und wirft sie den geschmeidig durch das Wasser gleitenden Tieren zu. Dabei achtet er genau darauf, daß jeder zu seinem Recht kommt. Du hast Freude an der Fütterung, würdest ihm am liebsten helfen. Danach gehen wir zu den Raubtieren. Wir hören ihr Gebrüll schon von weitem. Vor den Käfigen der Tiger haben sich schon einige Besucher versammelt, anscheinend werden auch diese Raubkatzen bald gefüttert. So laut, wie sie brüllen, müssen sie schrecklichen Hunger haben. Doch du hast keine Angst vor den Tigern, ihre Käfige sind zweifach gesichert. Einige Zeit beobachtest du, wie sie aufgeregt auf ihren wenigen Quadratmetern hin- und herrennen. Dann werden ihnen durch Klappen riesige rohe Fleischstücke in den Käfig geworfen. Bald nachdem jeder ein Stück Fleisch zwischen seinen Pranken gierig zerreißt, hört man außer den knochenknackenden und malmenden Geräuschen ihrer Zähne nichts mehr im Raubtiergehege. Wir gehen weiter und kommen zu den Elefanten. Sie haben ihre Fütterung bereits hinter sich und scheinen genüßlich zu verdauen, denn allzu groß scheint ihre Lust, sich zu bewegen, nicht zu sein. Du schaust sie dir eine Zeitlang an, dann möchtest du weitergehen. So kommen wir zunächst zu den Giraffen, danach zu den Gnus und Büffeln. Schließlich erreichen wir die Flußpferde. Sie gefallen dir, und du freust dich jedesmal, wenn sie wieder laut schnaubend und prustend aus dem Wasser auftauchen. Auch die niedlichen Pinguine und später die gewaltigen Eisbären beobachtest du eine ganze Weile. Doch welche Ausdauer du hast, beweist du uns erst, als wir bei den Affen angekommen sind. Nachdem du dich lange gedulden mußtest, gibst du deinen Platz in der vorderen Reihe nicht mehr ab. Immer wieder rufst du uns etwas, was dir auffällt, zu, machst uns auf neue Beobachtungen aufmerksam. Deine Begeisterung ist riesig, du lachst und amüsierst dich über die drolligen Schimpansen. Auch von den Orang-Utans kannst du nicht genug bekommen, während dich die Gorillas zwar beeindrucken, du sie aber reichlich träge findest. Es gefällt dir so gut bei den Affen, daß ich dich nun an dieser Stelle mit deinen Gedankenbildern alleine lasse. Ich schlage dir vor, sie noch eine Weile zu beobachten, dann auch noch andere Tiere im Zoo zu besuchen und vielleicht später noch einmal zu den Affen zurückzukehren. Genieße deinen Zoobesuch nun alleine, solange du es willst.

Wenn deine Füße dann aber müde vom Laufen werden, ruhe dich auf einer Bank aus, oder lege dich in das weiche Gras der wunderschönen Anlagen. Du wirst merken, wie sich dein Körper, aufgewärmt von der warmen Sommersonne, nach Ruhe sehnt, und du wirst sie ihm schenken wollen. Schon bald wirst du leicht und zufrieden einschlafen können.

Anregungen für Eltern:
- Über den letzten gemeinsamen Zoobesuch sprechen und Ihr Kind dabei von seinen Lieblingstieren erzählen lassen.
- Über verschiedene Tiere nachlesen und Fotos gemeinsam anschauen.
- Zusammen Pläne für einen neuen Besuch schmieden.

Entspannung für Körper und Geist

Handbuch Yoga
Grundlagen, Übungen und Techniken
Von Cai Pfannstiel
dtv 36018

Dieses Handbuch ist praktisches Übungsbuch und Nachschlagewerk zugleich. Es richtet sich sowohl an Anfänger als auch an Fortgeschrittene, die schon lange Yoga praktizieren. Der erste Teil führt in Praxis und Hintergrund des Yoga ein. Der Yoga-Lehrer Cai Pfannstiel gibt genaue Anleitungen zur Ausführung der einzelnen Posen und Techniken und beschreibt, welche Wirkung die Körperübungen haben. Der zweite Teil informiert in Stichwörtern über alles, was mit Philosophie und Praxis des Yoga zu tun hat. Zudem werden in diesem Teil weitere Posen für Fortgeschrittene vorgestellt. Insgesamt enthält das Handbuch 80 Grundübungen und ebenso viele Variationen.
Das Adressenverzeichnis im Anhang verzeichnet Yoga-Verbände und Yoga-Schulen, bzw. -Lehrer.

Handbuch Autogenes Training
Grundlagen, Technik, Anwendung
Von Dr. med. Bernt Hoffmann
dtv 36004

Dieses systematisch angelegte Handbuch faßt das theoretische und praktische Wissen über das Autogene Training übersichtlich zusammen. Alle Übungen werden ausführlich in ihrer Technik und in ihren Anwendungsmöglichkeiten behandelt, wobei Schwierigkeiten und Probleme, die sich bei der Einübung einstellen, besondere Beachtung finden.

dtv

Selbst die Eltern wissen manchmal nicht mehr weiter

Die ersten Jahre deines Kindes
Ein Handbuch für Eltern
Von Penelope Leach
dtv 36005

Was tun, wenn Babys schreien? – Was essen Einjährige? – Was spielt man bei Regenwetter? – Was tut man bei Windpocken?

In diesem zuverlässigen Handbuch gibt Penelope Leach Antwort auf Fragen, die in den ersten Jahren des Elterndaseins immer auftauchen. Sie stellt die Entwicklung des Kindes in den ersten fünf Lebensjahren dar – von der Geburt bis ins Vorschulalter – und befaßt sich ausführlich mit Ernährung, Wachstum, Schlaf, Schreien und Trösten, Hygiene, Krankheiten, Kleidung usw. Dabei macht sie immer wieder deutlich, wie Eltern ihrem Kind auf dem Weg in die Selbständigkeit am besten helfen können, ohne dabei die eigenen Bedürfnisse zu vernachlässigen.

Der große Erziehungsberater
Von Abhängigkeit bis Zuhören
Von Jane Nelsen, Lynn Lott
und H. Stephen Glenn
dtv 36012

Kinder, Kinder – manchmal rauben sie ihren Eltern den letzten Nerv: Das Kleinkind will nicht essen, schlafen gehen oder sauber werden, die Größeren raufen und quengeln, und die Teenager tun überhaupt nur noch, was sie wollen. Umgekehrt machen es aber auch die Eltern ihren Kindern nicht immer leicht: Sie reden statt zu handeln, handeln dann anders, als sie reden, entmutigen statt zu motivieren, mißtrauen statt zu vertrauen.
Anhand von über hundert konkreten Beispielen zeigen die Autoren, wie man mit den kleineren und größeren Schwierigkeiten, die das Familienleben nun mal mit sich bringt, besser zurechtkommt.

Wissen beruhigt: dtv ratgeber eltern

»Brazelton hat den Eltern die Augen für einen sehr
wichtigen und faszinierenden Aspekt der frühkindlichen
Entwicklung geöffnet – für die Erkenntnis, daß auch
Säuglinge schon Menschen und sich ihrer Umgebung
genau bewußt sind.«

Benjamin Spock

T. Berry Brazelton
Eine Familie werden
Wo sich Beziehungen entwickeln und verändern
dtv 36508

Müssen frischgebackene Eltern ihr Leben ganz dem Baby op-
fern? Ist es wirklich so schlimm, mal einen Fehler zu machen?
Brazelton fordert Eltern auf, wieder den eigenen Gefühlen zu
vertrauen und sich auf die unmißverständlichen Signale ihres
Babys zu verlassen.

T. Berry Brazelton
Babys erstes Lebensjahr
dtv 36500

Der berühmte Kinderarzt und Buchautor schildert anhand
von Beispielen aus seiner Praxis, was im ersten Lebensjahr
alles geschieht und gibt wertvolle Hinweise. Er zeigt, daß sich
Kinder unterschiedlich entwickeln und gibt den Eltern so die
Sicherheit, das erste Lebensjahr ihres Kindes angstfrei zu
genießen.

T. Berry Brazelton
Unser Kind wird selbständig
Das zweite und dritte Lebensjahr
dtv 36501

Brazelton zeigt anhand zahlreicher Beispiele die Entwick-
lungsschritte des Kindes im turbulenten zweiten und dritten
Lebensjahr und gibt eine Fülle praktischer Ratschläge zur
Lösung der alltäglichen kleinen und großen Probleme.

Das ABC der Kindergesundheit

Das große Kindergesundheits-Lexikon
Herausgegeben vom Boston Children's Hospital
Aus dem Amerikanischen übersetzt und bearbeitet
von Dr. Sebastian Vogel, Dr. Susanne Kuhlmann-Krieg
und Beate Bettenhausen
dtv 36007

›Das große Kindergesundheits-Lexikon‹ ist so wichtig wie der Erste-Hilfe-Kasten und die Hausapotheke. Die Gesundheit der Kinder nämlich beginnt zu Hause. Eltern brauchen dieses umfassende Handbuch, um selbst zu helfen – aber auch, um den Ärzten ihrer Kinder mündige und kompetente Partner zu sein.

Das Buch, das hilft, wenn Kinder krank sind,

- informiert verständlich über 450 Krankheiten von A-Z
- beschreibt klar Ursachen, Symptome, Diagnose, Behandlung und Vorbeugung
- klärt auf über körperliche und seelische Entwicklung von Babys, Kindern und Jugendlichen
- berät Eltern bei der Wahl des Arztes, Untersuchungen und Impfungen
- gibt Ratschläge für Krankenpflege und Krankenhausaufenthalt
- zeigt Erste Hilfe bei Notfällen
- hilft weiter mit wichtigen Adressen von Selbsthilfegruppen, Beratungsstellen und Notfallzentralen.

Das Boston Children's Hospital, die berühmte Kinderklinik der Harvard Medical School, ist das größte pädiatrische Forschungszentrum der Welt. 150 Ärzte und Mitarbeiter der Klinik aus allen medizinischen Fachgebieten haben an diesem Lexikon mitgearbeitet.

dtv

Kinderwunsch – die Geburt und
wie es danach weitergeht

dtv

Brigitte Beil

Gutes Kind, böses Kind

Warum brauchen Kinder Werte?
dtv 36539

»Für kleine Elefanten ist die Sache ganz einfach: sie kommen auf die Welt und wissen sofort instinktiv, was sie tun müssen, um in ihrer Herde als gute Dickhäuter zu gelten. Kleine Menschen haben es da entschieden schwerer...Sie haben keine Ahnung, warum sie dieses tun und jenes lassen sollen, warum man wohl auf die Trommel, nicht aber auf den Kopf der kleinen Schwester hauen darf.«

Darin sind sich die meisten Menschen einig: Freundschaft, Gerechtigkeit, Mitgefühl, Vertrauen und Toleranz sind für unsere Kinder notwendiger denn je. Schwierig wird es allerdings, wenn es darum geht, Kindern diese Tugenden praktisch zu vermitteln. Und ab welchem Alter? Wie kann man Kindern und Jugendlichen Werte nahebringen, ohne daß sie altmodische hohle Phrasen bleiben? Solange sie abstrakt bleiben, sind es einfach nur zu große Worte für kleine Menschen.

Konkrete Vorschläge aus dem und für den Familienalltag. Damit kommt die Frage nach den Werten wieder dahin zurück, wo sie wirklich sinnvoll ist – ins Kinderzimmer.

»Brigitte Beil baut auf positive Kräfte und praktisches Handeln. Ihr Optimismus ist ansteckend.«
Maria Frisé in der FAZ

dtv

Schule und Erziehung

Wie erziehe ich mein Kind richtig? • Gibt es die ›richtige‹ Erziehung überhaupt? • Was erwartet mein Kind von mir, was kann ich von ihm erwarten? • Was kommt beim Schulanfang auf mein Kind zu? • Wie hat es Spaß am Lernen?

Experten klären Ihre Fragen und helfen bei Problemen.

dtv

Erzählte Lebenshilfe im dtv

Christy Brown
Ein Faß voll Leben
Selbstbildnis eines irischen
Jungen, den sie »Krüppel«
nannten
dtv 30476

Torey L. Hayden
Sheila
Der Kampf einer mutigen
jungen Lehrerin um die
verschüttete Seele eines
Kindes · dtv 30056

Harlan Lane
Mit der Seele hören
Die Lebensgeschichte
des taubstummen Laurent
Clerc und sein Kampf um
die Anerkennung der
Gebärdensprache
dtv 11314

Robert Lane
Robby
Ein Zeugnis für die
Kraft des Menschen, Leid
durch Verständnis und
Liebe zu überwinden
dtv 30016

Doris Lund
Eric
Der wunderbare Funke
Leben
dtv 11259

Jacques Lusseyran
**Das wiedergefundene
Licht**
Die Lebensgeschichte
eines Blinden im
französischen Widerstand
dtv 30009
Das Leben beginnt heute
Erinnerungen und
Begegnungen eines
Blinden
dtv 30083

Rosalind McPhee
Wilde Wasser
Ich hatte Brustkrebs
dtv 36017

Anneliese Ude-Pestel
Betty
Protokoll einer
Kinderpsychotherapie
dtv 36019

dtv

dialog & praxis
Märchen – psychologisch gedeutet

Eugen Drewermann
Lieb Schwesterlein, laß mich herein
Grimms Märchen tiefen-psychologisch gedeutet
dtv 35050

Eugen Drewermann
Rapunzel, Rapunzel, laß dein Haar herunter
Grimms Märchen tiefen-psychologisch gedeutet
dtv 35056

Verena Kast
Mann und Frau im Märchen
Märchen psychologisch gedeutet
dtv 35001

Verena Kast
Wege zur Autonomie
Märchen psychologisch gedeutet
dtv 35014

Verena Kast
Wege aus Angst und Symbiose
Märchen psychologisch gedeutet
dtv 35020

Verena Kast
Märchen als Therapie
dtv 35021

Verena Kast
Familienkonflikte im Märchen
Märchen psychologisch gedeutet
dtv 35034

Gerlinde Ortner
Märchen, die Kindern helfen
Geschichten gegen Angst und Aggression und was man beim Vorlesen wissen sollte · dtv 35065

Gerlinde Ortner
Neue Märchen, die Kindern helfen
Geschichten über Streit, Angst und Unsicherheit, und was Eltern wissen sollten · dtv 35103

Ingrid Riedel
Die weise Frau in Märchen und Mythen
Ein Archetyp im Märchen
dtv 35098

dtv

Hilfe zur Selbsthilfe im dtv

Jeremiah Abrams (Hg.)
Die Befreiung des
Inneren Kindes
Unsere ursprüngliche
kreative Persönlichkeit
dtv 35107

Jeremiah Abrams u.a.
Die Schattenseite
der Seele
Wie man die dunklen
Bereiche der Psyche
in die Persönlichkeit
integriert
dtv 35118

Kathrin Asper
Von der Kindheit zum
Kind in uns
Lebenshilfe aus dem
Unbewußten
dtv 35093

Irène Kummer
Ich bin die Frau, die
ich bin
Eine lebendige Beziehung
zu sich selbst und anderen
finden
dtv 35078

Arnold Lazarus
Allen Fay
Ich kann, wenn ich will
Anleitung zur psychologi-
schen Selbsthilfe
dtv 35027

Helmut Milz
Der wiederentdeckte
Körper
Vom schöpferischen
Umgang mit sich selbst
dtv 35075

Norman Vincent Peale
Die Kraft positiven
Denkens
dtv großdruck 25110

Peter Schellenbaum
Die Wunde der
Ungeliebten
Blockierung und Verle-
bendigung der Liebe
dtv 35015

Peter Schellenbaum
Abschied von der
Selbstzerstörung
Befreiung der Lebens-
energie · dtv 35016

dtv